Gustav Stettler

GUSTAV STETTLER

Verlag Peter Heman, Basel

Im Atelier des Malers

Ich stehe im hohen, hellen Atelier des Malers, diesmal nicht als Gast, sondern als Modell. Der auf der Fensterseite knapp geöffnete Baumwollvorhang gibt eine schmale Lichtbahn frei. Der Raum gehört zweifellos zu einem Haus, das seinerzeit für einen Maler gebaut worden war. Die hohe Weiträumigkeit mit der langen abgeschrägten Front der Oberlichter gegen Norden bestätigt es.

Gelegentlich wechsle ich Spiel- und Standbein. Mein Blick ruht, wie vereinbart, auf Cornelia, wenn er nicht heimlich den wandernden Maler verfolgt. Ich werde stolz sein auf dieses Bild. Nicht weil ich in Öl dastehe, sondern weil es das Bild jenes Malers ist, dessen Auffassung vom Sehen mich seit der ersten Begegnung fasziniert. Es wird keine Momentaufnahme meiner Erscheinung sein, weil er in der Lage ist, Momente aus der Spannweite der letzten zwanzig Jahre einzubringen. Wirke ich müde und abgespannt, vermag er mich als älter Gewordener zu sehen. Maja D. zeichnete er, als sie mit neun die Schule bei mir besuchte. Er nahm damals Züge vorweg, die sie jetzt mit den ersten weissen Fäden im Haar trägt. Kurz, er vermag meine vergangene Erscheinung mit der künftigen zu vereinen. Gedanken im Stehen.

Cornelia war meine erste Begegnung mit Gustav Stettler. Von einem mehrmonatigen Parisaufenthalt zurückgekehrt, besuchte ich Ende der fünfziger Jahre die Basler Weihnachtsausstellung und war von ihr zutiefst enttäuscht. Ich glaubte in fast allen Bildern den Abklatsch von Paris zu erkennen. Durfte man dermassen auffällig imitieren? Angewidert verliess ich das Untergeschoss. Der Besuch des oberen Saals schien nicht mehr zu lohnen. Einen kurzen Blick wollte ich dennoch hineinwerfen. Er blieb rechterhand vom Eingang an den leicht überlebensgrossen Bildnissen zweier Teenager, Cornelia und Tomy, hängen. Der mir unbekannte Maler hatte mit G. Stettler signiert. Ich stand – wie lange? – in die Betrachtung dieser Werke versunken. Hier war einer, der hatte nicht von Paris abgemalt, der lebte aus eigenen Quellen, gab seine eigene Art, hatte seinen eigenen Pinselstrich. Die Farben erinnerten mich an alte Meister, die Menschen waren heutig: Teenager, «Tinätscher», wie der Maler sie später in seinem Berndeutsch nennen wird. Es war der Beginn einer Freundschaft mit Stettlers Bildern, lange bevor die persönliche Freundschaft begann.

Mein Blick schweift von Cornelia ab. Das nächtliche Strassenkreuz hat sich seit der letzten Sitzung mit Leuten bevölkert, die einzeln oder paarweise auseinanderstreben. Die Zeugen, eine Radierung, auf der Staffelei zur Linken, mit neunundzwanzig gemalt, blicken diesmal als Radierung ernst auf ein Ereignis, das diesen Raum nicht betrifft. Nach wie vor kehrt das Besucherehepaar den Bildern einer Ausstellung den Rücken zu. Von Mal zu Mal gewinnen sie an Charakter, ohne dass der Maler daran Hand angelegt zu haben scheint. Die Frau drückt mit ihrer langgliedrigen Hand den Kopf des Säuglings im Tragsack mit der für Stettler typischen sorgenden Geste an sich. Verglichen mit Cornelia daneben – soll man vergleichen? – wirkt dieses zwanzig Jahre später gemalte Bild reicher, weil malerischer, ohne dass es in Rivalität zu Cornelia steht. Überhaupt, die gleichzeitige Anwesenheit so vieler Menschen hat nichts Verwirrendes an sich. Was sich bei mir als Betrachter einstellt, ist ein ruhiges Lebensgefühl. Ich ahne, dass für Gustav Stettler malen vor allem ein Anordnen, Proportionieren, ein In-Harmonie-bringen von Farben, Flächen und Linien ist. Jedes Bild ist so organisiert, dass es als Ganzes wirkt und mich für sich einnimmt durch den völligen Mangel an Schnörkelhaftigkeit und Ornament.

Ich fasse einmal mehr verstohlen den Maler ins Auge, der seine Wanderung unentwegt fortsetzt: vier, fünf Schritte zurück, anhalten. Seine Augen treten hart hervor und sind als Vogelblick auf mich gerichtet, der keinen Moment lang freundschaftliche Anbiederung erlaubt. Die Messingbrille lässt sein fast weiss gewordenes Haar noch immer blond erscheinen. Das Gesicht grimassiert vor Anstrengung. Er schlürft die Terpentinluft laut hörbar durch die kaum geöffneten Lippen ein und stösst den Atem noch lauter aus. Nun geht er zwei Schritte aufs Bild zu und vergleicht es nochmals mit dem Objekt, zu dem ich, so lange er an mir arbeitet, geworden bin. Nach zwei weiteren Schritten erreicht er den Palettentisch. Sorgfältig wählt er aus. Bevor sein Pinsel ein rauhes Geräusch auf der Leinwand erzeugt, wirft er mir einen letzten unerbittlichen Blick zu: «Dein Kopf neigt wieder nach rechts.» Er schickt seiner «Rüge» ein Lachen nach. Und wieder legt er mit der von mir nie erwarteten Eile, ja Hast, die Farben an, wie er es nennt. Gustav Stettler malt schnell und ausdauernd und nicht, wie ich immer vermutete, betulich und langsam. «Ich male nicht langsam, ich male nur ausdauernd schnell an einem Bild, und das immer wieder. Ein Bild al prima (i eim Chutt) gemalt, liegt mir nicht. Es bekäme ihm schlecht.» Das Ehepaar, die Frau in rosafarbenem Umstandskleid, das seit der ersten Sitzung an der grossen Staffeleiwand hängt, hat seit meinem letzten Besuch eine Änderung erfahren. Ich habe das Gefühl, dass hier das wahre Wesen dieses Paares endgültig festgehalten ist. Oder wird er ein dreizehntes Mal hastig, mit unerbittlicher Ausdauer den Hintergrund nochmals ändern?

Ich erinnere mich unserer einstimmenden Gespräche vor jeder Sitzung: «Andererseits musst du aufpassen, dass das Bild nicht müde wird.» – «Wie meinst du das?» – «Dass die Farben infolge des Zuviel nicht ersaufen. Du kannst ein Bild auch zu Tode malen.» Er lacht verlegen, als sei er mit dieser Erklärung zu weit gegangen. Überhaupt seine auffallende Vorliebe für den Hintergrund, der für ihn gleichrangig mit dem Modell zur Komposition gehört. Vielleicht ist es die strenge Mathematik der Komposition dieses Malhygienikers, die mich anspricht oder sein Hang zur Reduktion, zur Steigerung ins Einfache, wie ich ihn schreibend selber an mir beobachte, wobei einfach niemals mit simpel zu verwechseln ist. «Die Strenge der Komposition ist in mir. Das Bild muss halten. Ich liebe klare Offenheit in Farbe, Form und Haltung des Menschen.»

Womit sein zentrales Thema angesprochen ist: der Mensch. Mein Blick wandert zu Nicole, seinem jetzigen Modell, das sich inzwischen verfünffacht hat. Ich komme mir vor wie in einem Spiegelkabinett. Auch ihr ist, wie allen Frauenbildnissen, das Gereckte, Hohe, Schlanke eigen, welche, ohne anspruchsvoll dazustehen, Ruhe verkörpern. Von drei Wänden blicken mich Menschen an. Seltener blicke ich in eine Landschaft. Nelly, seine Frau, in jungen Jahren gemalt, wird ihrem Bild mit dem Älterwerden immer ähnlicher. «Ich brauche diese Menschen um mich herum.» Täglich ist er sechs bis sieben Stunden mit ihnen zusammen. Er lebt in bester Gesellschaft. Dazwischen ruhen seine Augen in einer südlichen Landschaft aus, oder er wirft zwischen Tannen hindurch einen Blick auf den Brienzersee.

Er malt oft von vormittags zehn bis siebzehn Uhr, und er weiss, weshalb er sich in die Pflicht nimmt. Leben heisst, zumal wenn man die siebzig erreicht, «dass die Zeit nicht einfach vergeht.» Und er nutzt die Zeit, «weil ich das Gefühl habe, es noch besser machen zu können. Ich strebe noch mehr nach Verdichtung und Vertiefung.»

Die erste Fassung von mir, ein Brustbild, steht am Boden. Ich sass erhöht auf einem Hocker. Die Holzkohle fuhr während zwanzig Minuten wild über die Leinwand. Nach einer Gesprächspause «legte er Farbe an». Nach weiteren zwanzig Minuten schaute ich in Öl von der Staffelei. Das Bild glich Fotos, auf denen ich mich nicht mag, weil sie offenbar etwas Charakteristisches von mir enthüllen. Er stellte das Bild weg: «Ich werde später daran weitermalen, es ist erst der vorläufige Eindruck von dir, es ist noch nicht du.» Ebensogut hätte er sagen können: «Es ist noch nicht ich.» Denn im selben Masse, wie er mich ins Bild umsetzt, bringt er sich selber mit ins Bild ein. Darum glaube ich, hat die totgesagte Portraitmalerei immer noch Zukunft, weil das Portrait des Modells, ob Mensch, Frucht, Tier oder Landschaft zugleich auch jenes des Malers liefert. Ein Apfel, von hundert Malern gemalt, ist hundertmal ein anderer Apfel. Unter hundert gemalten Äpfeln vermöchte ich Stettlers Apfel unschwer zu erkennen, denn er hat ihn nach seiner Grammatik, seiner Auffassung vom Sehen gemalt. Insofern ist der Apfel ein Portrait des Malers, ein Stettler eben.

Ist es sinnvoll, frage ich mich, die Gemälde eines Malers in einem Buch als Abbilder seiner Bilder zu deponieren? Ist die Galerie zwischen zwei Buchdeckeln ein befriedigender Ort für die Gemälde eines Malers? Im Deutschen Seminar der Universität Basel begegnete ich kürzlich einem meiner Lieblingsbilder, einem städtischen Häuserblock im Winter, dessen Kamine die nicht sichtbare Wintersonne rot reflektieren. Hätte mich mein Weg nicht fast zufällig in jenen Raum geführt, wäre ich diesem Bild wohl nie mehr begegnet. Insofern stellt sich die Frage nicht mehr. Insofern bekommt ein solches Kunstbuch den Charakter eines Bilderbuches im besten Sinne. Es ist eine Kunstsammlung auf kleinstem Raum, die dem Betrachter zu Begegnungen und Wiederbegegnungen mit Bildern verhilft, die ihm sonst nicht oder nie mehr zugänglich sind.

Ich wechsle Spielbein und Standbein immer häufiger. Er bemerkt es: «Komm, es genügt für heute!» Ich gehe an der Staffelei vorbei, um mich aus einigem Abstand zu begutachten. Über meinem Portrait an der rückwärtigen Wand demonstriert der blauäugige Hippy mit geblumtem Leibchen und Seehundschnauz überdeutlich, dass wir einer anderen Generation angehören. Hat ihn der Maler absichtsvoll über den linken Teil des Triptychons, jener in düsteren Farben gehaltenen Darstellung von Menschen im Krieg, gehängt? Ist die Welt vierzig Jahre nach jenem Kriegsbild blumiger, lichter geworden? Entsprechen die aufgeheiterten Farben der jüngeren Bilder dem heutigen Bewusstsein des Malers? «Ich habe mich natürlich gewandelt, ohne meine Weltanschauung geändert zu haben.» Aus den Lautsprechern der Hifi-Anlage tönt zurückgenommen Musik von Telemann oder Händel. Gustav Stettler weist sich im Gespräch auch als profunder Kenner klassischer Musik aus. Ich nehme mein Portrait wieder in Augenschein: «Ich sehe mir immer ähnlicher.» – «Ähnlichkeit will nichts besagen», insistiert der Maler, «das Bild als Ganzes ist das Wesentliche.» Ja, es ist wohl *die Ganzheit*, die ich in Gustav Stettlers Bildern schon immer gefunden habe.

Heinrich Wiesner

Biographie

An der Feier vom 3. Juni 1965 zum Andenken an Prof. Dr. Georg Schmidt (1896–1965) begann Dr. Werner Schmalenbach seine Ansprache mit den Worten:
«Kein Mensch wird durch ein einziges Wort hinreichend charakterisiert. Und doch möchte ich ein Wort der deutschen Sprache aussprechen, von dem ich glaube, dass es wie kaum ein anderes die Persönlichkeit Georg Schmidts kennzeichnet, ein Schlüsselwort zum Verständnis seines Wesens, seiner geistigen Form und all seines Handelns. Es ist das Wort «Unbestechlichkeit». Mir ist in diesem Leben niemand begegnet, der einen höheren Grad geistiger Unbestechlichkeit besessen hätte als er. Sie bedeutete Kritik und Selbstkritik in gleichem Masse und zu jeder Zeit. Sie war eine Art ethische Kontrollinstanz, der all sein Denken und all sein Tun mit Notwendigkeit unterlag. Wenn Georg Schmidt ein kritischer Geist war – und viele haben das zu fühlen bekommen –, dann war er es nicht aus intellektueller Schärfe oder gar aus intellektuellem Spiel, sondern aus eben dieser Unbestechlichkeit.»

Der Mann, dem diese Worte galten, hat im Laufe von 22 Jahren im Basler Kunstmuseum nicht nur eine heute weltberühmte Sammlung moderner Kunst aufgebaut, sondern sich auch in beispielhafter Art mittels Ausstellungen oder in Wort und Schrift für jene Künstler unserer Tage eingesetzt, die er für die bedeutendsten hielt. Zu diesen gehörte innerhalb der Schweizer Kunst Gustav Stettler! Ihn bezeichnete Georg Schmidt anlässlich der Eröffnung einer Zürcher Ausstellung im Mai 1962 als einen der wenigen Schweizer Maler der Gegenwart, zu deren Werk er sich vorbehaltlos bekennen könne.

Gustav Stettler wurde am 5. April 1913 im bernischen Oberdiessbach geboren. Schon im Jahre 1923 verloren er und seine drei Schwestern den Vater. Nach kürzeren Aufenthalten in Freimettigen, Konolfingen und Walkringen wurde Gustav im Jahre 1925 in einer Bauernfamilie im emmentalischen Herbligen untergebracht, wo er die schönen und die harten Stunden des Bauernlebens kennenlernte und bis 1929 die Schule besuchte. Wie bei manch anderen bedeutenden Künstlern unserer Zeit führte auch Stettlers weiterer Weg aus materieller Notwendigkeit über die handwerkliche Ausbildung: in den Jahren 1930/33 erlernte er in Oberdiessbach bei Hermann Läderach den Beruf eines Flach- und Schriften-Malers. An diese Jahre unter den Fittichen eines menschlich und fachlich hervorragenden Handwerksmeisters denkt Gustav Stettler noch heute gerne zurück; hier erlebte er die guten Seiten der «alten Zeit»! In der Werkstatt gab es kein fliessendes Wasser, die Pinsel wurden mit Schmierseife am Dorfbach gewaschen. Die Pulverfarben mussten noch vom Lehrling mit einem Mörser auf einer Marmorplatte in Öl angerieben werden. Der Lehrling erlernte auch das Maserieren von Möbeln aus Tannenholz, die so das Aussehen von edlerem Nussbaum- oder Eichenholz bekamen. Stettler erinnert sich besonders an die Imitationen von Marmor auf tannenhölzernen Platten von Nachttischchen und Waschkommoden. Wer dächte da nicht an Georges Braque, der solche «Maserierungen» in die kubistischen Bilder und später immer wieder in seine Stilleben bzw. Intérieurs einbezog! Schon in der frühen Jugendzeit waren das Zeichnen und Malen die Lieblingsbeschäftigungen des Bauernbuben gewesen; sie wurden es erst recht in der Freizeit während der Berufslehre. Schon bald setzte sich Gustav Stettler das Ziel, Kunstmaler zu werden. So fuhr der Einundzwanzigjährige im Frühjahr 1934 mit seinem Velo nach Bern und dann weiter nach Biel. An beiden Orten gab es keine Schule, die ihm eine seinen Erwartungen entsprechende Weiterbildung – nach der täglichen Berufsarbeit – geboten hätte. Deshalb setzte er die Reise über die Pierre Pertuis bis nach Delsberg fort; die nächste Tagesetappe führte ihn in das ihm noch völlig unbekannte Basel. Bald fand er dort einen Arbeitsplatz, und zwar in einem Malergeschäft am Heuberg, wo bereits zwei andere Berner mit ähnlichen Zielen tätig waren: Ernst Baumann (geb. 1909) und Fritz Ryser (geb. 1910). Diese beiden Maler, mit denen Stettler bis heute freundschaftlich verbunden ist, hatte es bereits 1927 bzw. 1929 nach Basel gezogen. Die Möglichkeit, an der Basler Gewerbeschule die gewünschte Ausbildung zu erhalten, veranlasste Gustav Stettler, in der Rheinstadt zu bleiben. Zwei Jahre lang wohnten und arbeiteten er und Ernst Baumann gemeinsam im Hause Spalenberg 12, mitten in der Altstadt. Zum Besuch von Abendkursen (1934–1939) kam von 1935 bis 1938 jeweils im Wintersemester der von Tageskursen hinzu. Der Winter bedeutete damals für einen Malergesellen die jährlich wiederkehrende Zeit der Arbeitslosigkeit! Der Unterricht von Albrecht Mayer (1875–1952) und Arnold Fiechter (1879–1943) sagte dem angehenden Künstler besonders zu. Aber auch Theo Eble (1899–1974), Walter Bodmer (1903–1973) und Ernst Buchner (1886–1951) waren Lehrer, von denen Gustav Stettler seit je in höchster Achtung spricht. In der Malklasse von A. Fiechter lernte er weitere Maler seiner Generation kennen, so auch Max Kämpf. Beim ersten Besuch Stettlers im Estrichatelier Kämpfs malte dieser im Licht einer kleinen Dachluke die erste Fassung der «Stürmenden Masken». Die Not der Krisenjahre und der sich bereits abzeichnende Zweite Weltkrieg prägten diese Maler: im Mittelpunkt ihres Schaffens standen der Mensch und die Frage nach seinem Überleben. Aus dieser Grundstimmung heraus entwickelten sich die «Basler Graumaler», und es kam später zur Gründung des KREISES 48.

    1938 heiratete Gustav Stettler die Bernerin Nelly Stähli; 1939 wurde dem jungen Paar ein Sohn geboren (Peter Stettler, der heute selber zu den erfreulichsten Schweizer Malern der gegenständlichen Richtung zählt und auch als Zeichenlehrer der Kunstgewerbeschule Basel hohe Wertschätzung geniesst). Es entstanden Stettlers erste Radierungen. In seiner bescheidenen Wohnung am Spalenberg druckte er sie auf einer Wäschemange mit Holzwalzen, die er selber umgebaut hatte. Erst in den folgenden Jahren kam der junge Künstler zu einer kontinuierlichen künstlerischen Tätigkeit. Eine materielle Erleichterung brachten in den Jahren 1940–1947 Stipendien, und zwar solche des Basler Kunstvereins, der Schweiz. Eidgenossenschaft und der PRO ARTE Bern.

Im lokalen Kunstleben Basels rückte Stettler im Frühjahr 1943 dann aber auf einen Schlag ins Rampenlicht, und zwar mit einem Werk, das die Gemüter der Öffentlichkeit stark erregte: der staatliche Kunstkredit hatte eine Ausschreibung veranstaltet für ein grosses Tafelbild in den Saal, wo die zivilen Trauungen stattfinden. Die Jury fand den Mut, Stettlers Bild «Die Zeugen» in den ersten Rang zu stellen. Der Künstler zeigt in diesem Bild im Neben- und Übereinander ein Dutzend frontal gesehene Gesichter von Menschen verschiedenen Alters, die Zeugen des Trauungsaktes sind; sie blicken ernst, in beklemmender Stille aus dem Bild heraus. Das lehmfarbige Gelb der Gesichter steht in starkem Kontrast zum dunklen Hintergrund. Das spätere Schaffen des Künstlers bewies, dass dieses Werk kein blosses Versprechen war; heute hat das Bild seinen Standort im Basler Kunstmuseum.

Dieser Wettbewerbserfolg, aber auch die Werke, die Stettler in den vorangegangenen Jahren an Ausstellungen in Basel gezeigt hatte, veranlassten Hermann Kienzle (1876–1946), den Direktor der Allgemeinen Gewerbeschule, den Künstler schon 1943 als Zeichenlehrer an die kunstgewerbliche Abteilung seiner Schule zu berufen. Gustav Stettlers Unterrichtspensum wurde (bis zu seinem altersbedingten Rücktritt im Jahre 1978) immer mannigfaltiger: es erstreckte sich auf die Fächer Gegenstands- und Skulpturen-Zeichnen, Figur und Kopf, Tier- und Landschaftszeichnen. Eine besondere Erwähnung verdient seine fruchtbare Lehrtätigkeit als Radierer. Die Bedeutung Gustav Stettlers für das graphische Schaffen der Gegenwart in Basel war wohl am besten in der Ausstellung erkennbar, welche Hanspeter Landolt (als Konservator des Kupferstichkabinetts, jetzt Ordinarius für Kunstgeschichte an der Universität Basel) am 15. Januar 1966 im Basler Kunstmuseum eröffnete. In dieser ersten Graphik-Ausstellung von Basler Künstlern wurden 147 Radierungen und Kupferstiche gezeigt. Die dominierende Rolle, die Stettler im graphischen Schaffen der Rheinstadt zukommt, ist allein schon daraus ersichtlich, dass 17 der an der Ausstellung beteiligten 21 Künstler in Radierkursen der Gewerbeschule seine Schüler gewesen waren! Hanspeter Landolt würdigte Stettlers grossen Anteil am baslerischen Graphik-Schaffen mit folgenden Worten:

«Wenn ich mir versage, einzelne Namen zu nennen, dann möchte ich doch eine Ausnahme machen. Wenn einer hier ausdrücklich genannt werden muss, dann Gustav Stettler. Nicht nur darum, weil er ein hervorragender Peintre-Graveur ist und weil er die Kunst des Radierens seit mehr als zwei Jahrzehnten unermüdlich und ununterbrochen übt und pflegt, sondern weil er der gute Geist und der Vater des grössten Teils von dem ist, was Sie nun in der Ausstellung erwartet. Man darf wohl sagen, dass es heute in Basel die Radierung nicht gäbe ohne unseren Gustav Stettler. Er gehört zu jenen Zufällen und Glücksfällen, denen wir den Unterricht in der Künstlergraphik an unseren Kunstgewerbeschulen verdanken. Bei ihm sind fast alle der hier vertretenen Künstler als Radierer zur Schule gegangen. Diesem Umstand haben wir es auch zuzuschreiben, dass die Ausstellung eine erstaunliche, schöne Geschlos-

senheit hat. Geschlossenheit freilich nicht im Sinne einer bestimmten künstlerischen Richtung, die der Lehrer den Lernenden aufgezwungen hätte, sondern vielmehr dank der spezifischen handwerklichen Möglichkeiten der Graphik, die Stettler in seinem Unterricht aufgezeigt und die auch noch spürbar bleiben, wenn der Schüler künstlerisch seine völlig eigenen Wege geht.»

Stettler liegt viel an der Herausarbeitung der Hell-Dunkel-Kontraste. Unter den graphischen Techniken bietet ihm dazu die ein spontanes Arbeiten erlaubende Kaltnadelradierung, hin und wieder in Verbindung mit dem Aquatinta-Verfahren, die grössten Möglichkeiten. Auch in seiner Malerei dominieren die Werke, die auf Hell-Dunkel-Kontrasten beruhen. Dabei fehlen keineswegs aufs reichste abgestufte Grautöne. Das gesamte Schaffen Stettlers, in der Malerei wie in der Graphik, hat durch diese so konsequente künstlerische Linie über vier Jahrzehnte hinweg etwas im besten Sinne Asketisches bewahrt. Dank seiner ausserordentlichen zeichnerischen Fähigkeiten sind seine Werke von kristalliner Klarheit in der Bildkomposition; sie sind aber auch von grösster Ehrlichkeit im rein malerischen Bereich. Mit Walter Schneider (1903–1968), Max Kämpf (1912–1982) und Paul Stöckli (geb. 1906, früher in Basel, jetzt in Stans) zählt Gustav Stettler zu den ausgeprägtesten Graumalern der Basler Malerei. Manche Zeitgenossen auf der Basler Kunstszene haben ihr Schaffen in ihren jüngeren Jahren zwar auch mit Graumalerei begonnen, sind dann aber früher oder später ganz andere Wege gegangen.

Wie Georg Schmidt einmal formuliert hat, gehört Gustav Stettler mit Varlin und Max Kämpf zu den führenden Schweizer Malern, die immer gegenständlich gemalt haben und auch heute noch mit dieser Art der Aussage etwas «meinen». Die Werke der ersten Schaffensphase Stettlers sind unter dem Aspekt der Verpflanzung vom Lande in die Stadt zu verstehen. In freier Natur aufgewachsen, kommt der Einundzwanzigjährige – wie bereits erwähnt – 1934 in die Enge der Basler Altstadt. Der Rahmen, in dem sich Stettlers Kunst in ihrem ersten Entwicklungsabschnitt bewegt, kann kaum zutreffender umschrieben werden, als dies Dr. Max Freivogel anlässlich einer Vernissage-Ansprache am 30. September 1956 in Schaffhausen im Museum zu Allerheiligen mit den folgenden Worten tat:

«*Es ist nicht schwer zu erkennen, dass Gustav Stettlers Auseinandersetzung mit dem Doppelgesicht des bürgerlichen Daseins eine Auseinandersetzung unserer Zeit mit unserer Welt ist, dass es um Fragen geht, die bei Munch, Strindberg, Barlach, Kafka, Buffet, Camus aufgeworfen werden und deren unüberhörbare Dominante die Frage ist, ob und wie der bürgerliche Mensch – der anscheinend gesicherte Mensch – in dieser, in allen Sicherungen zerfallenden, brüchigen Welt zu existieren vermöge.*»

Stettler stellt in seinen Stadtbildern das ihm Zunächstliegende dar. Ein Künstler setzt sich hier mit der menschlichen Existenz als solcher auseinander, wie sie ihm in einer für ihn neuen Welt begegnet. Der Maler zeigt uns geplagte, müde Menschen, die das Stadtleben eher erleiden als erleben; sie sind gekennzeichnet von ihrer Beziehungslosigkeit zur Umwelt, sie «existieren» teilnahmslos und vereinsamt, mitten in einem grossen Kollektiv. Des Künstlers Stadtmenschen sind Wesen, die im Getriebe der Stadt vorzeitig aufgebraucht worden sind; ihr Blick ist dennoch nicht vorwurfsvoll oder gar verzweifelt. Der Maler glaubt an den schliesslichen Sieg des menschlichen Geistes über die Bedrohungen, die uns alle ängstigen. Diese Zuversicht zeigt uns Stettler auf besonders eindrückliche Weise in der Darstellung seiner Frau, die – als riesenhafte Mutterfigur aus dem Lichthof eines grossen Blocks von Mietskasernen aufsteigend – ihr Söhnchen schützend an sich presst. Die düsteren, hohen, scheinbar endlosen Strassenzeilen erwecken den Eindruck steinerner Ungeheuer. Im Werk Stettlers sind die hier wohnenden Menschen bleich, von ernstem Ausdruck; damit will der Maler aber das schlicht Menschliche ausdrücken und nicht anklagen.

Zu den bedeutendsten Arbeiten im Schaffen des Künstlers zählt das in den Jahren 1939–1945 entstandene Triptychon. Dieses monumentale Werk zeigt schmerzerfüllte Menschen angesichts des Todes. Die geistigen Voraussetzungen und die künstlerischen Mittel gestatten Stettler schon in diesen frühen Jahren die packende Gestaltung eines solchen Bildstoffes.

Seit 1958 finden wir im Werk Stettlers zahlreiche Darstellungen junger Menschen. Das grossformatige Bild der «Teenagers» aus dem Jahre 1959 (im Basler Kunstmuseum) macht deutlich, wie konsequent und seiner Art getreu der Künstler auch diesen neuen Bildvorwurf gestaltet: die Jugend wird hier ohne Idealisierung, in ihrer gesunden, nüchternen Einstellung zum Leben gezeigt. Auch diese Figuren stellen über das Persönliche hinaus den Typus des jugendlichen Stadtmenschen dar. In ungezwungenem Gespräch stehen die Jungen vor schmucklosen Wänden. Diese Werke sind nicht zuletzt der Begegnung des Malers mit den Jugendlichen an der Basler Gewerbeschule entsprungen. Gerade die «Teenager-Bilder» und diejenigen von Hippies zeigen aber auch, wieviel diesem Künstler daran liegt, die Menschen seiner Zeit darzustellen. So überrascht es nicht, wenn Stettler in grösster Bewunderung von der Bildniskunst der Flamen in der Spätgotik und von Rembrandt oder Goya spricht.

Seit den siebziger Jahren kommt im Schaffen des Künstlers dem eigentlichen Porträt ein immer grösseres Gewicht zu. Der Mensch wie auch leblose Dinge oder die Landschaft erhalten in den Bildern Stettlers eine Art stiller Würde. In den Landschaften der sechziger und siebziger Jahre erkennen wir eine noch weitergehende Vereinfachung als in den früheren Landschaftsbildern. Das elementare räumliche Erlebnis der holländischen Küstenlandschaft führt Stettler schon 1963/64 zu einem strengen Parallelismus: es fehlt wenig zur lapidaren Dreiteilung der Bildfläche in die Streifen des hohen Himmels, des Wassers und der Erde im Vordergrund – unter Weglassung aller Attribute. Oft erinnert nur noch ein Boot oder ein Strandschirm daran, dass der Maler hier eine Meerlandschaft gestaltet. In diesen Bildern spüren wir besonders deutlich die grosse Sensibilität des Malers für die Proportionen und den Rhythmus der Flächen.

Die Bilder Stettlers können nie im althergebrachten Sinn als «malerisch» angesprochen werden. Es wäre aber ein Irrtum, die farblichen Qualitäten seiner Werke deshalb zu unterschätzen: seine flächige Malerei wirkt nie eintönig. Sie ist zähflüssig, pastos, ihre Oberfläche ist reich belebt; der dichte Farbauftrag erfolgt in grösster Disziplin. Die früheren Werke vor allem beruhen auf dem Kontrast von schweigsamem Schwarz zu Weiss oder Grau; im späteren Schaffen hellt sich die Palette auf, warme Farben – allerdings nur spärlich verwendet – treten hinzu. Auch jetzt entrinnt Stettler der Gefahr, die ernste Kraft der Farbe durch äusserliche Effekte zu beeinträchtigen. Seine Stilmittel sind von 1941 bis heute die gleichen geblieben. Er verzichtet auf die Stofflichkeitsillusion; die Formen sind oft kantig, steil, ein graphischer Zug bleibt sichtbar. Früh hat der Maler seine eigene Bilderschrift gefunden und dann in grösster Unabhängigkeit vor kommenden und gehenden Stilen bewahrt. Gustav Stettler darf im besten Sinne als Einzelgänger bezeichnet werden.

In periodischen Zyklen widmet Stettler seine Schaffenskraft der Malerei, der Zeichnung und der Radierung. Mehreren Bildthemen begegnen wir in allen eben genannten Techniken. In der Malerei konzentriert sich der Künstler auf das Tafelbild, unter bewusstem Verzicht auf grossflächige Wandbild-Gestaltungen; so entgeht er einer Zersplitterung seiner Kräfte. Diese Feststellung gilt auch in bezug auf sein glasbildnerisches Schaffen, das er nach beachtlichen Entwürfen für neue Chorfenster im Basler Münster (Wettbewerb 1947) und zwei grösseren, eindrücklichen Arbeiten («Drei Buben im Boot», 1952, und «Knabe mit Flieger», 1958; beide in Basler Schulhäusern) nicht mehr weiter pflegt. Wie intensiv sich der Maler mit den besonderen Anforderungen auseinandergesetzt hat, die zur formalen Strukturierung eines Glasbildes gehören, ist übrigens daran erkennbar, dass sich in manchen Ölbildern jener Schaffensphase eine nahe kompositionelle Verwandtschaft zum Glasbild zeigt: anstelle der Bleiruten tritt in der Ölmalerei eine breite Konturierung der einzelnen Farbflächen.
Gustav Stettlers Œuvre ist ebenso zeitkritisch wie zeitgemäss und zeitlos!

November 1982   Hans Göhner

1941–1950

Bilder-Verzeichnis

17	Margrethenstich	1941	Öl	60×80	Kunstkredit Basel-Stadt
18	Familienbild	1940–44	Öl	120×70	P.B. Riehen
19	Die Stadt	1941	Öl	55×105	Kunstmuseum Basel
20	Die Zeugen	1942	Bleistift	30×40	Kupferstichkabinett Basel
21	Die Zeugen	1942–43	Öl	150×200	Kunstkredit Basel-Stadt
22	Hinterhof	1945	Öl	100×40	P. B. Riehen
23	Die Stadtmenschen	1943–45	Öl	100×130	Kunstkredit Basel-Stadt
24	Die kleinen Leute	1942–43	Öl	150×80	P. B. Allschwil
25	Der Spaziergang	1944	Öl	129×160	
26	Triptychon	1944–45	Öl	150×150	
27	Triptychon	1944–45	Öl	180×120	
28	Triptychon	1944–45	Öl	150×150	
30	Der Geiger	1946	Öl	130×75	
31	Bildnis Nelly	1945–47	Öl	134×65	Kunstkredit Basel-Stadt
32	Kinderhochzeit	1947–48	Öl	72×130	P. B. Basel
33	Im Gras	1944	Bleistift		P. B. Basel
34	Im Atelier	1945	Kaltnadel	57×39,5	
35	Liegende Mutter	1942	Kaltnadel	14×40	Schw. Graphische Gesellschaft
36	Das Bad	1943	Kaltnadel	43×50	
37	Unsere kleine Stadt	1944	Kaltnadel	40×50	
38	Le Mans	1947	Tusche	14×20	
39	Kranker Knabe I	1945	Bleistift	58×34	
40	Ein kleines Konzert	1944	Kaltnadel	40,5×55	

20

21

35

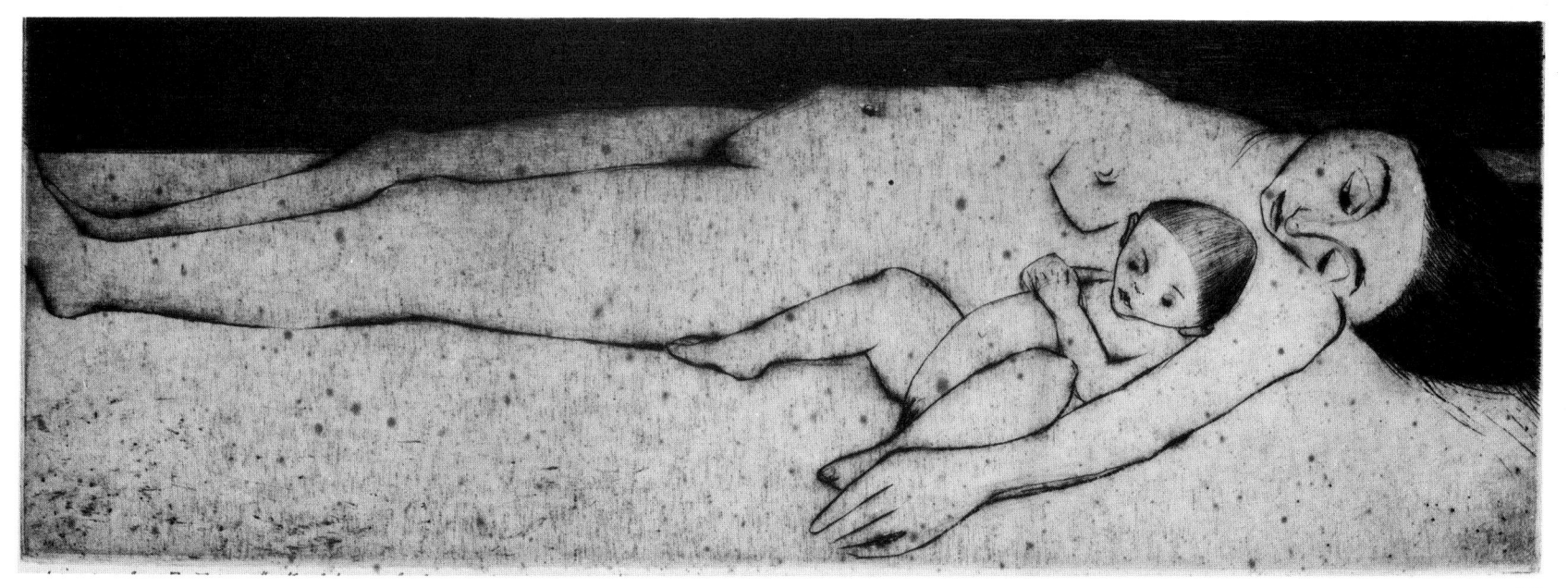

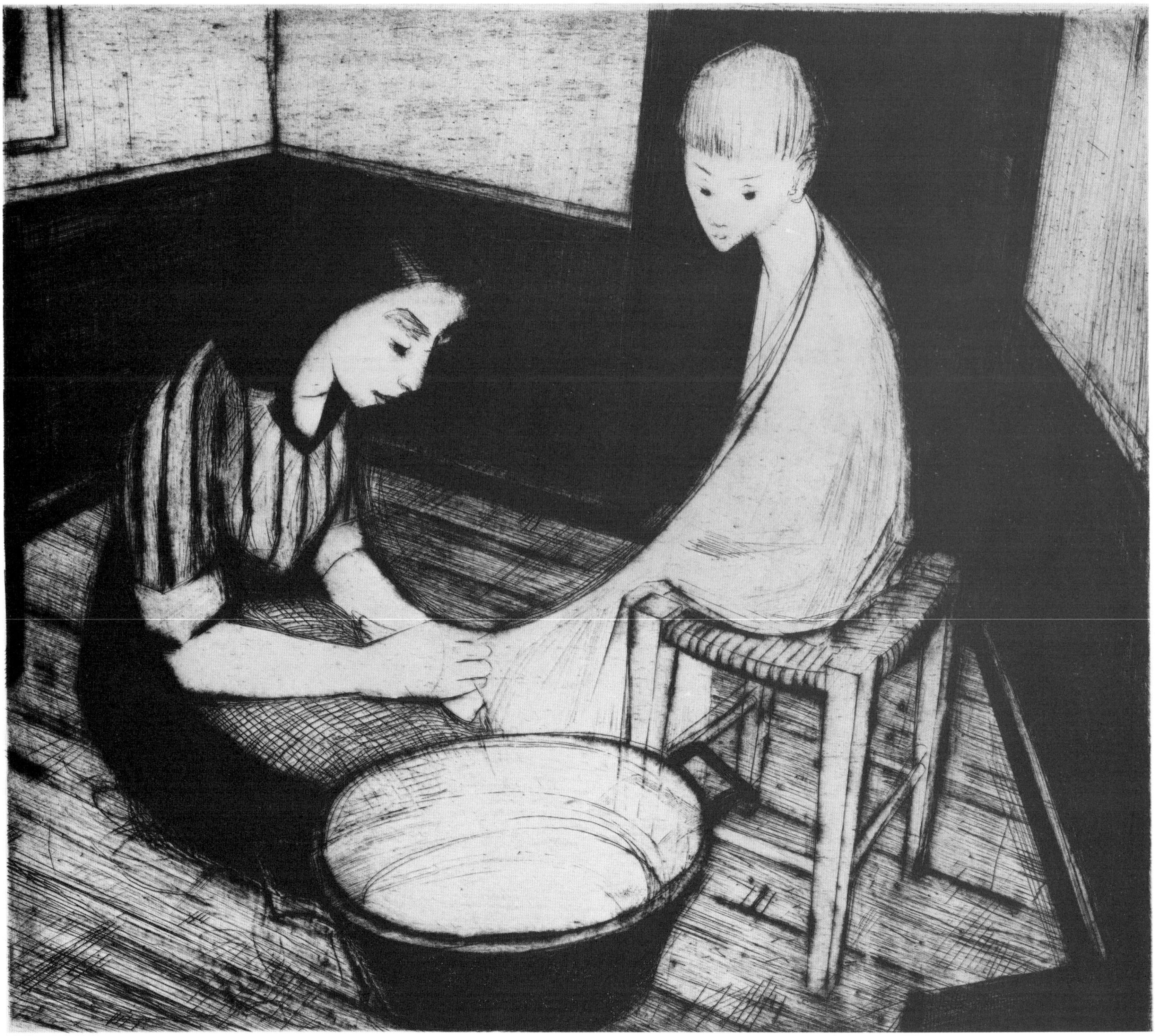

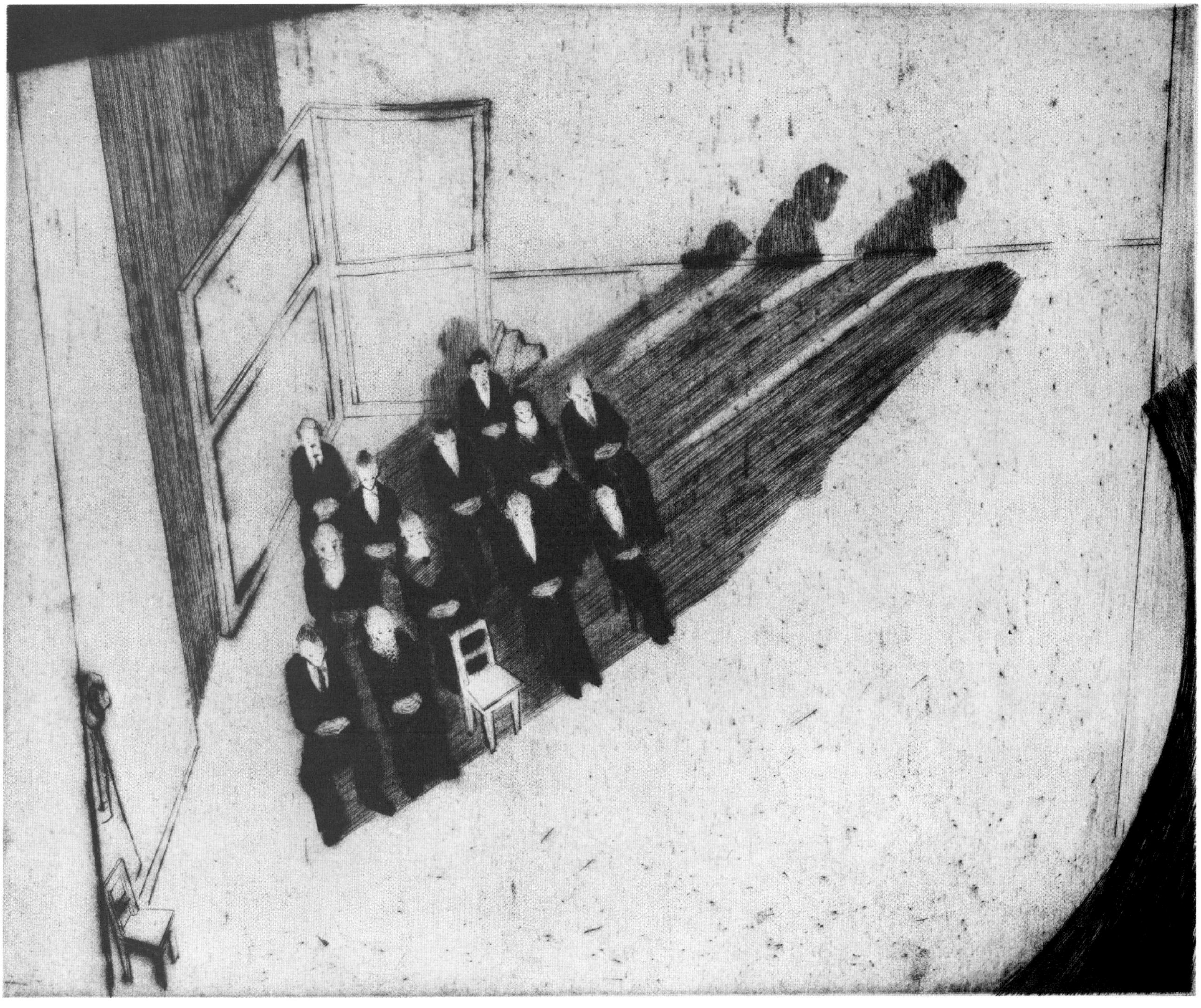

Le Mans 48

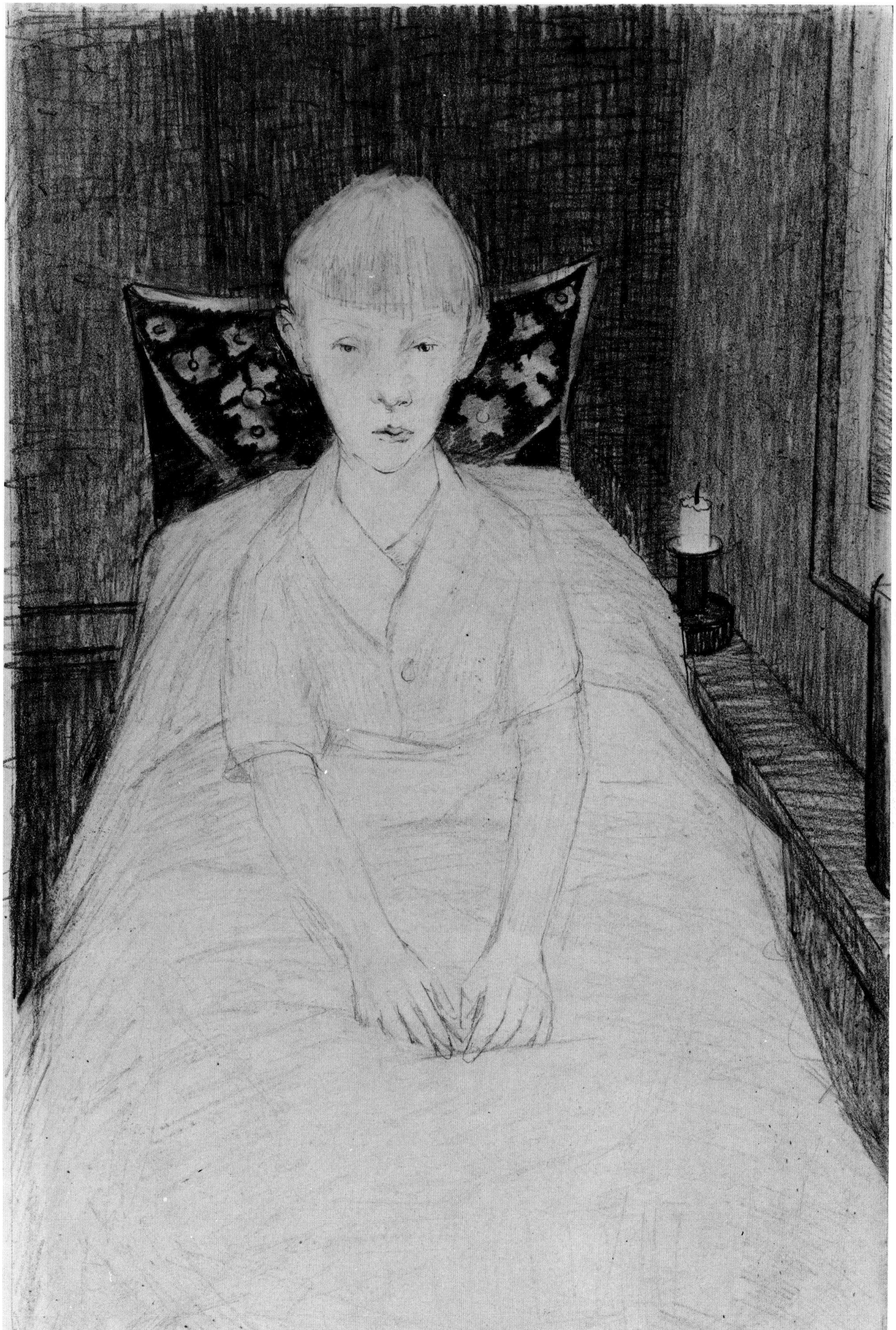

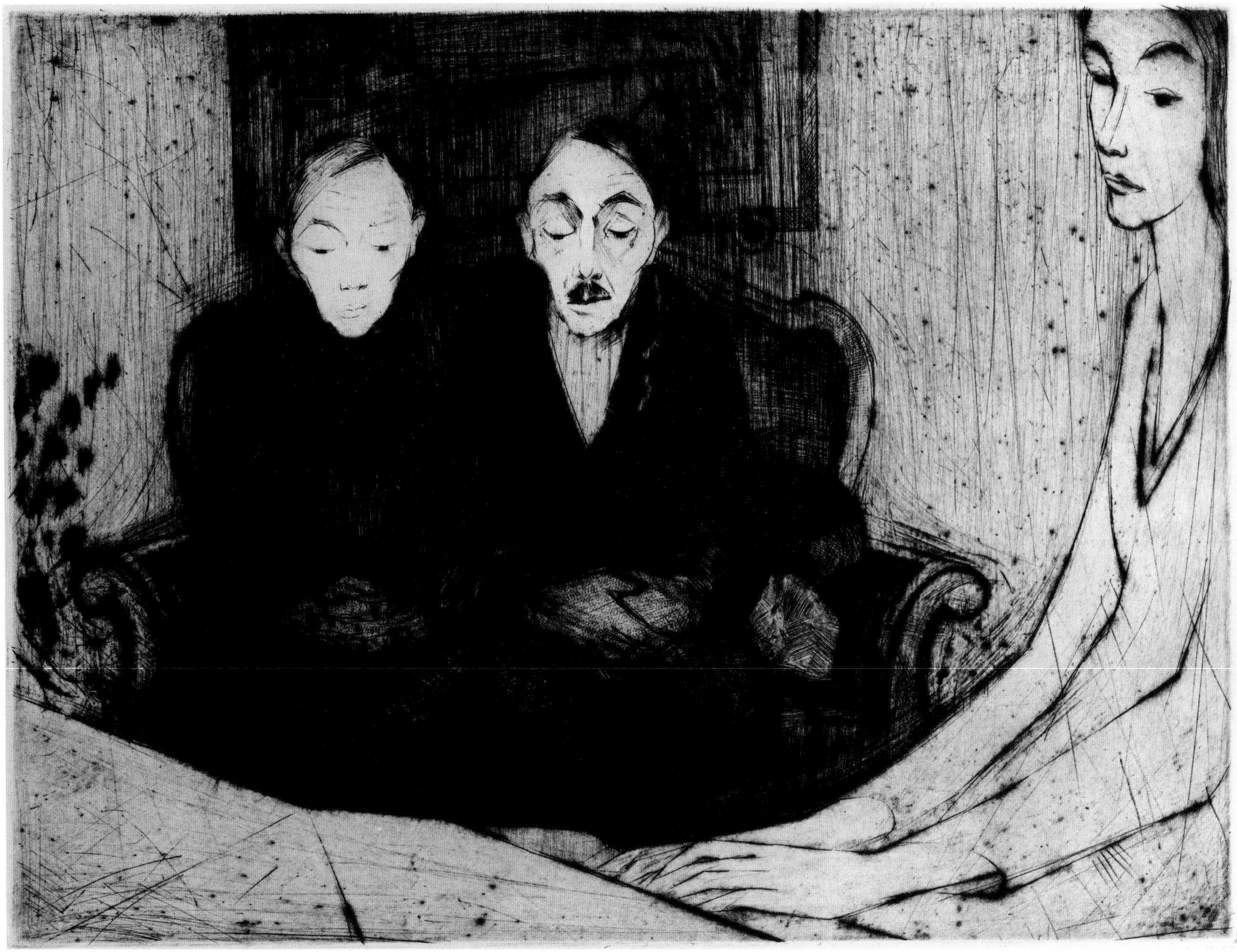

1951–1960

43	Mädchenakt	1951–52	Öl	82×105	P. B. Liestal
44	Peter	1952	Öl	140×80	Kunsthaus Chur
45	Eltern Schmid	1950	Öl	100×100	P. B. Reinach
46	Bildnis Rita S.	1949–50	Öl	67×49	P. B. Dornach
47	Wilde Fahrt	1951–53	Glas	137×98	Kunstkredit Basel-Stadt
48	Mädchen mit Ball	1959	Öl	120×80	
49	Existentialist	1954	Öl	100×150	Schweiz. Eidgenossenschaft
50	Landschaft des Automobilisten	1957	Öl	80×150	Schweiz. Radio-Gesellschaft
51	Südliche Strasse	1957–58	Öl	100×150	P. B. Muttenz
52	Madame la Concierge	1954–55	Öl	150×90	
53	Winter im Elsass	1958–59	Öl	90×130	Basler Versicherungs-Gesellschaft
54	Thomy	1959–60	Öl	200×80	
55	Cornelia	1957–59	Öl	200×80	
56	Teenagers	1957–58	Öl	180×150	Kunstkredit Basel-Stadt
57	Teenagers III	1960	Kaltnadel	70×50	
58	Skizzenblatt	1957	Tusche	14×20	
59	Cornelia	1956	Bleistift	53×28	
60	Spielende Kinder	1955	Radierung	40×48	
61	Liegender Akt	1955	Kaltnadel	40×48	
62	Die Spanierin	1959	Radierung	43×60	

43

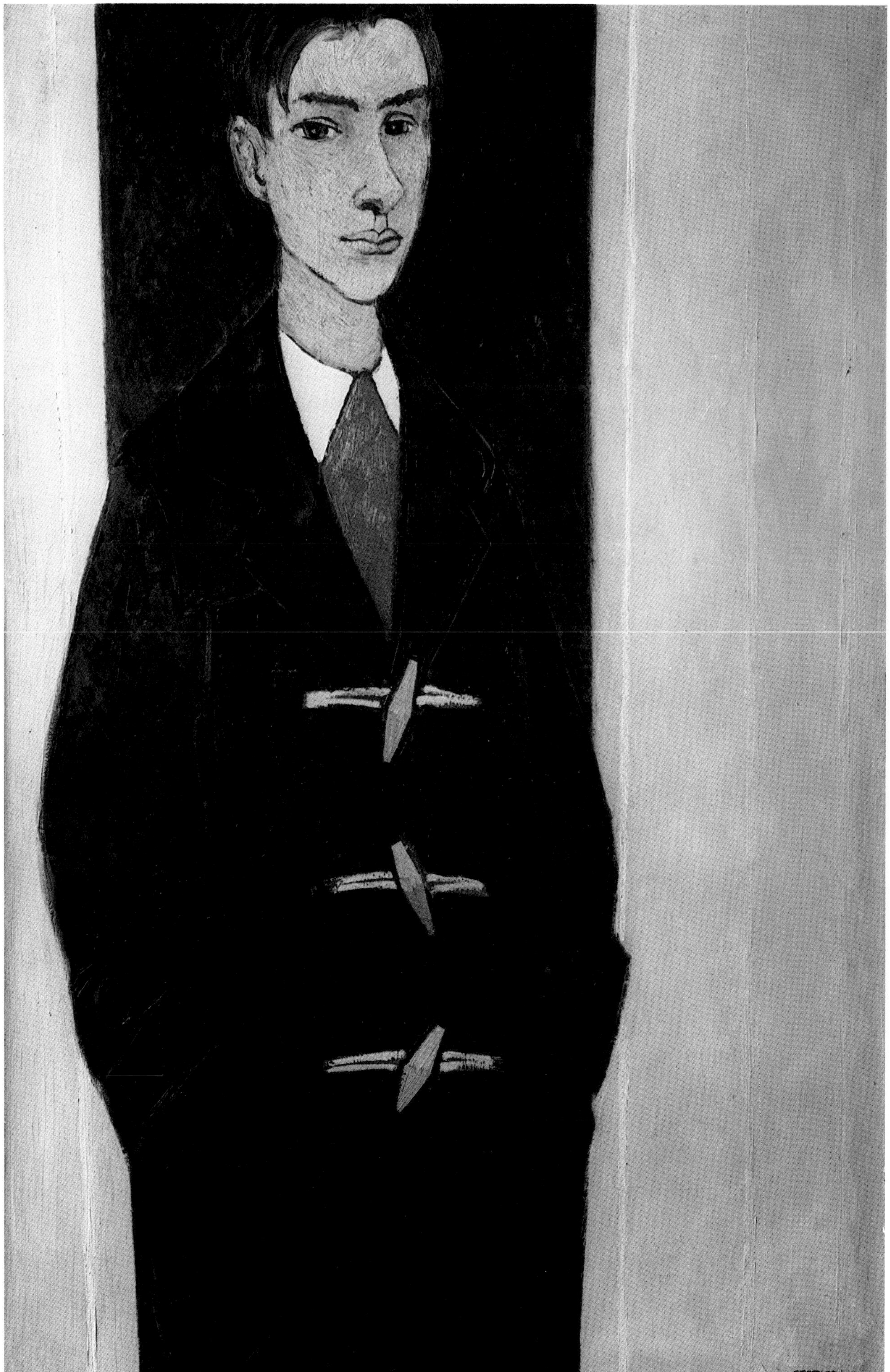
STETTLER '55

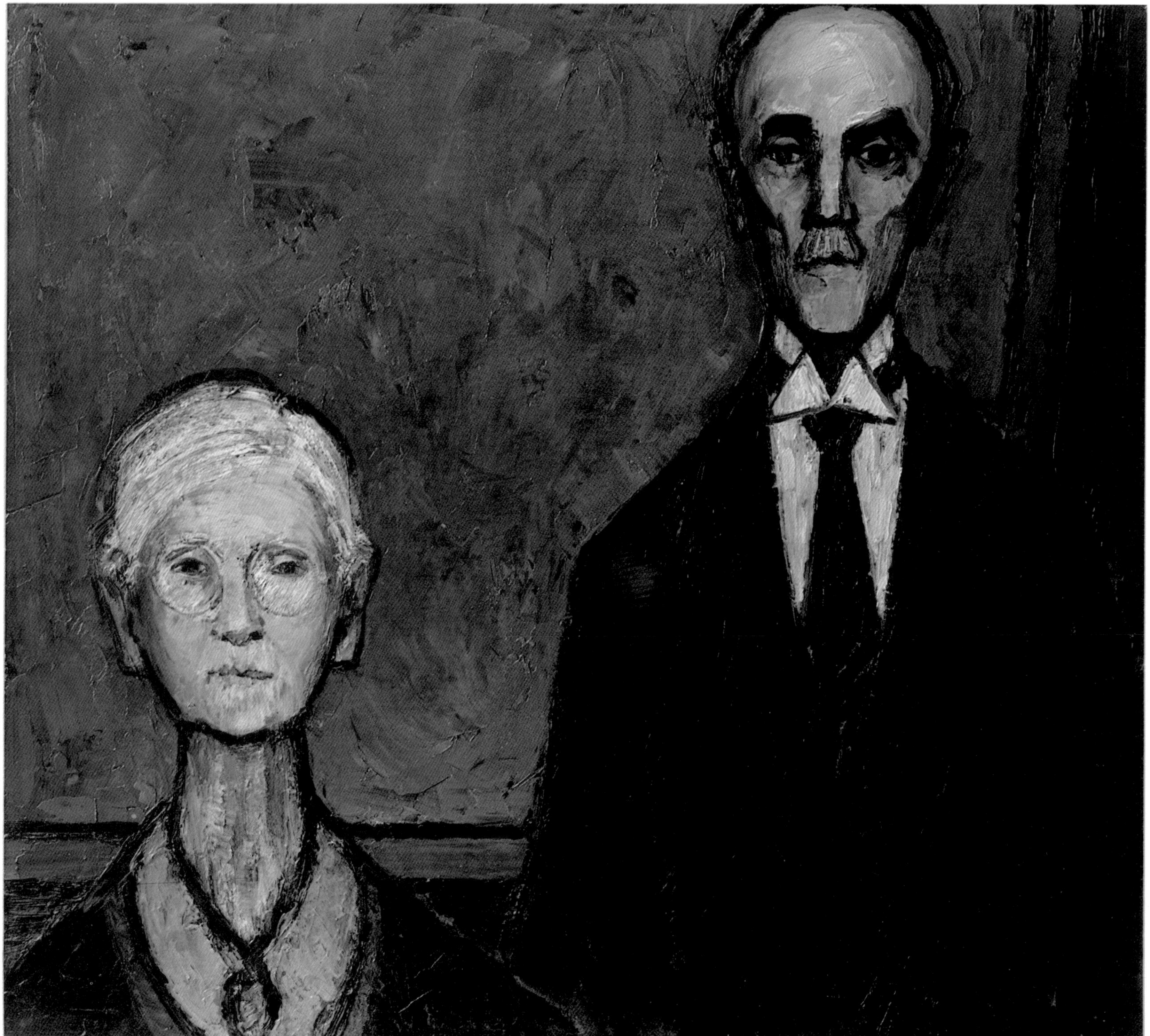

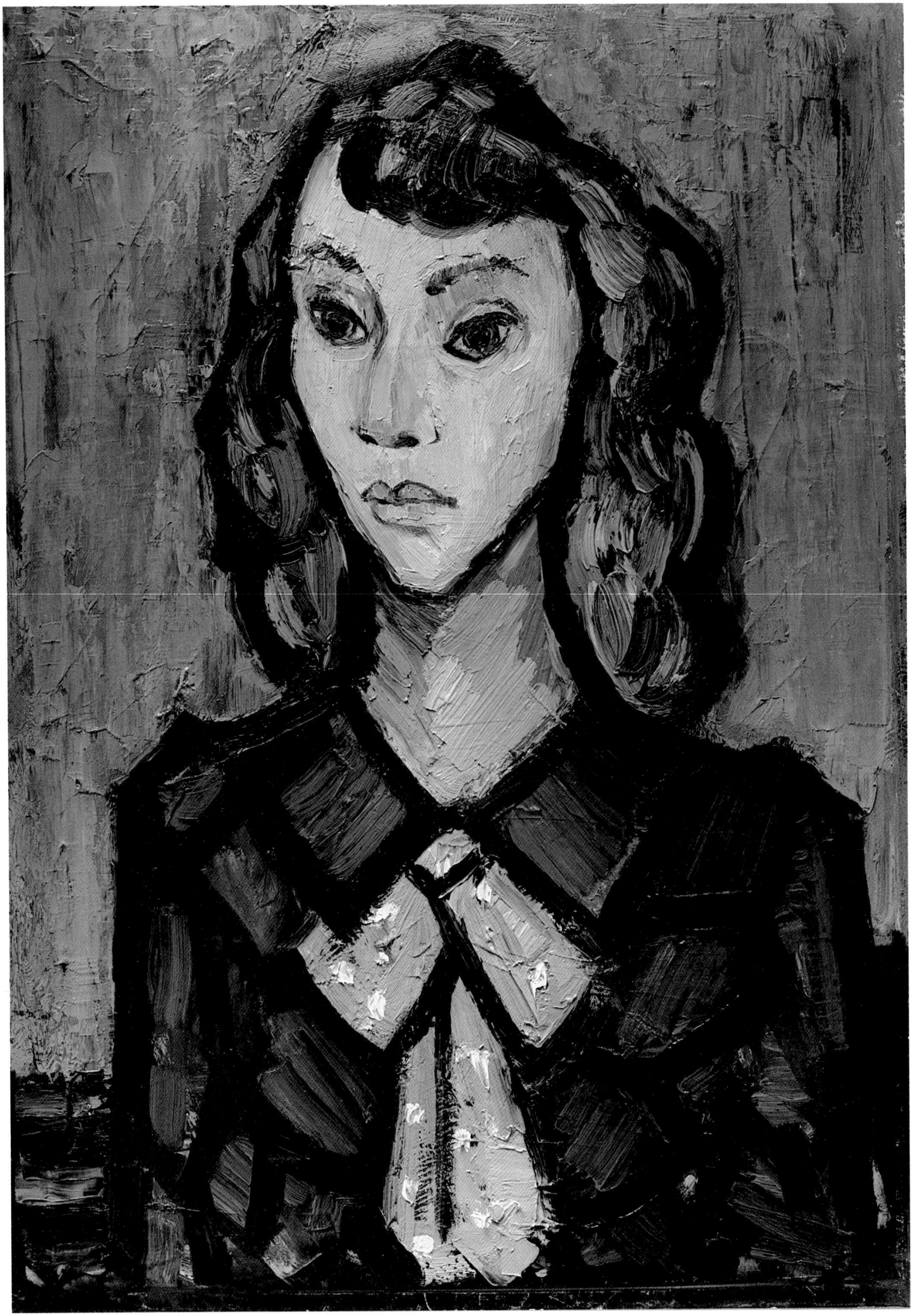

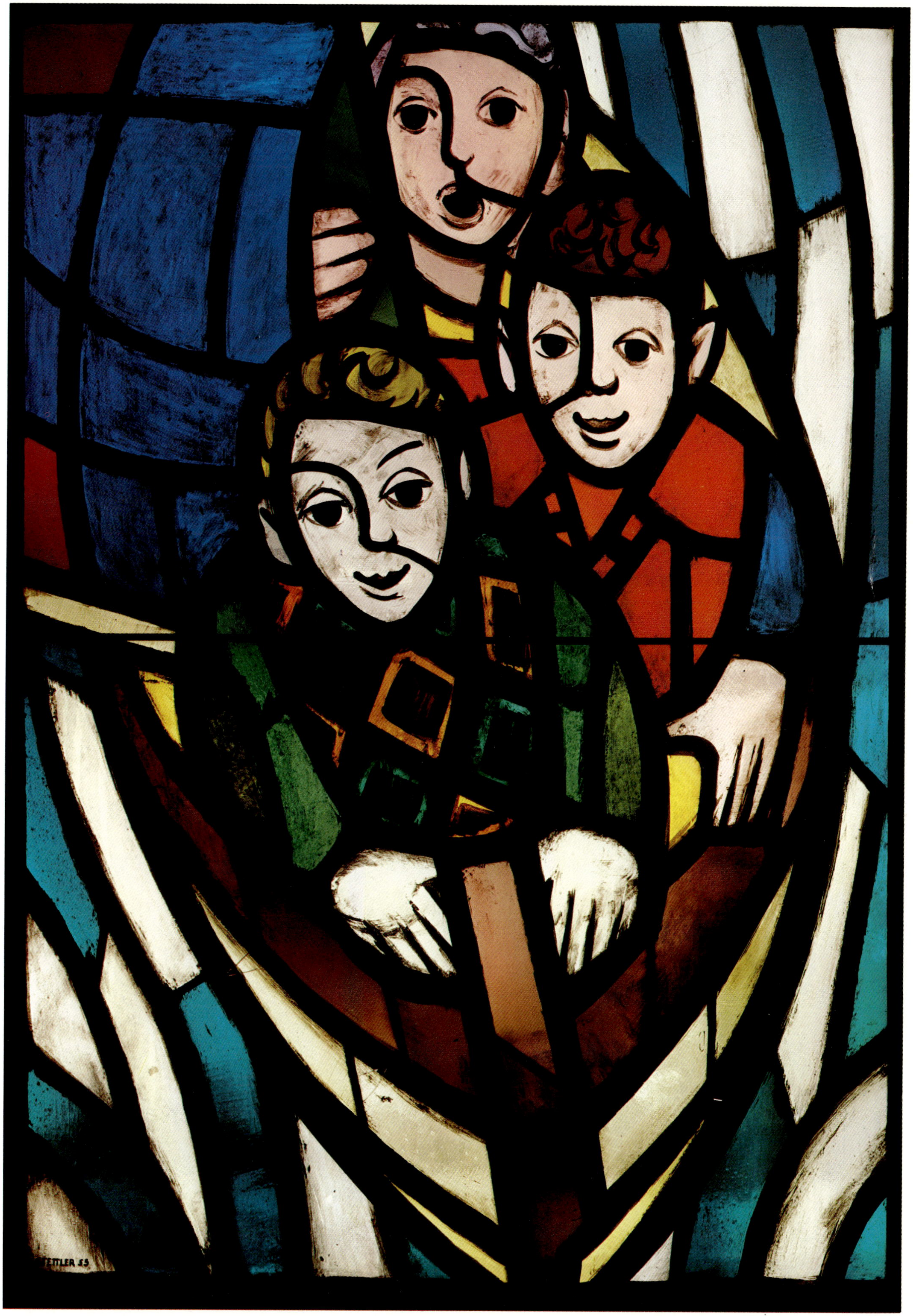
TETTLER 55

48

49

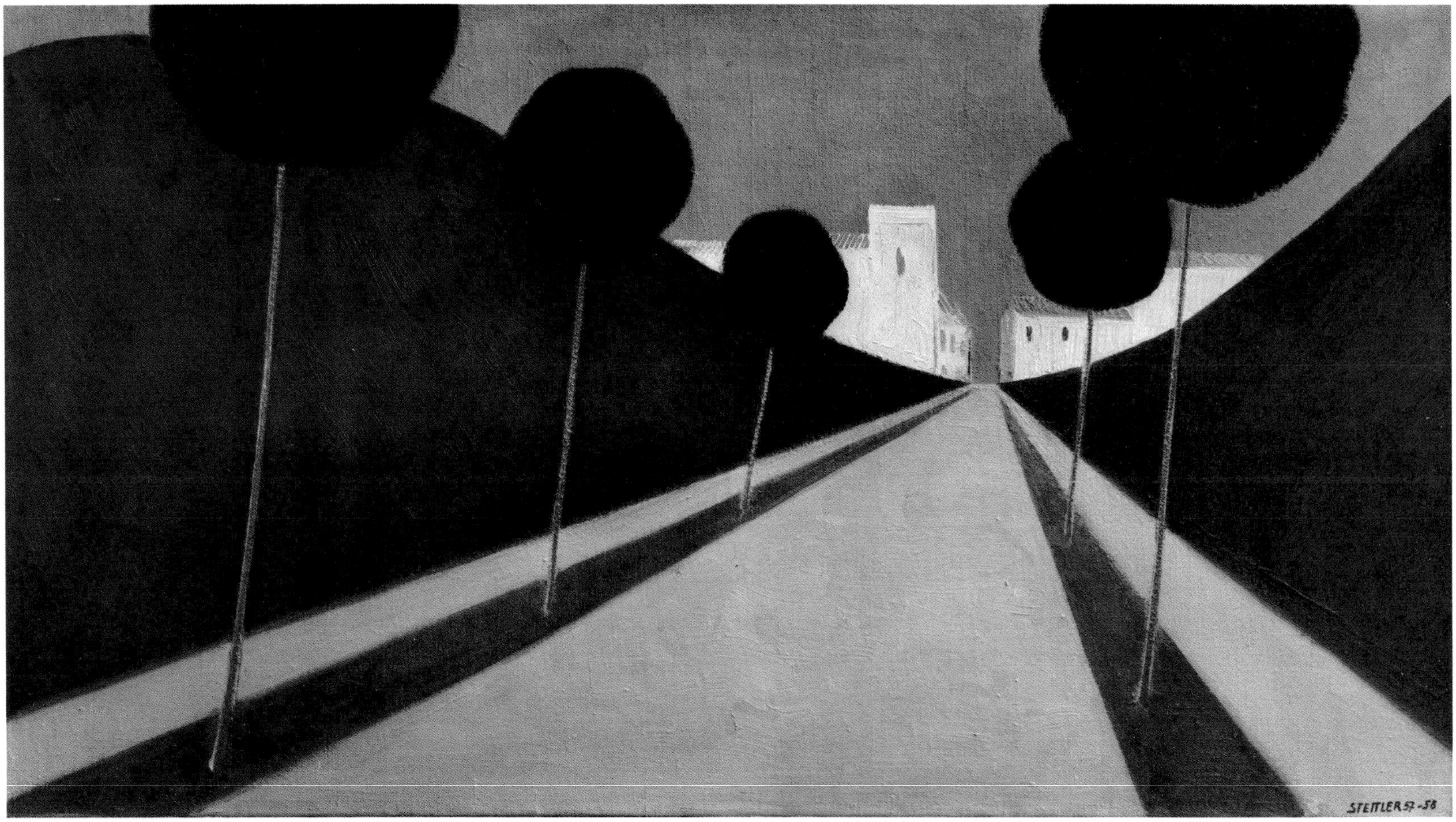
STETTLER 57-58

51

52

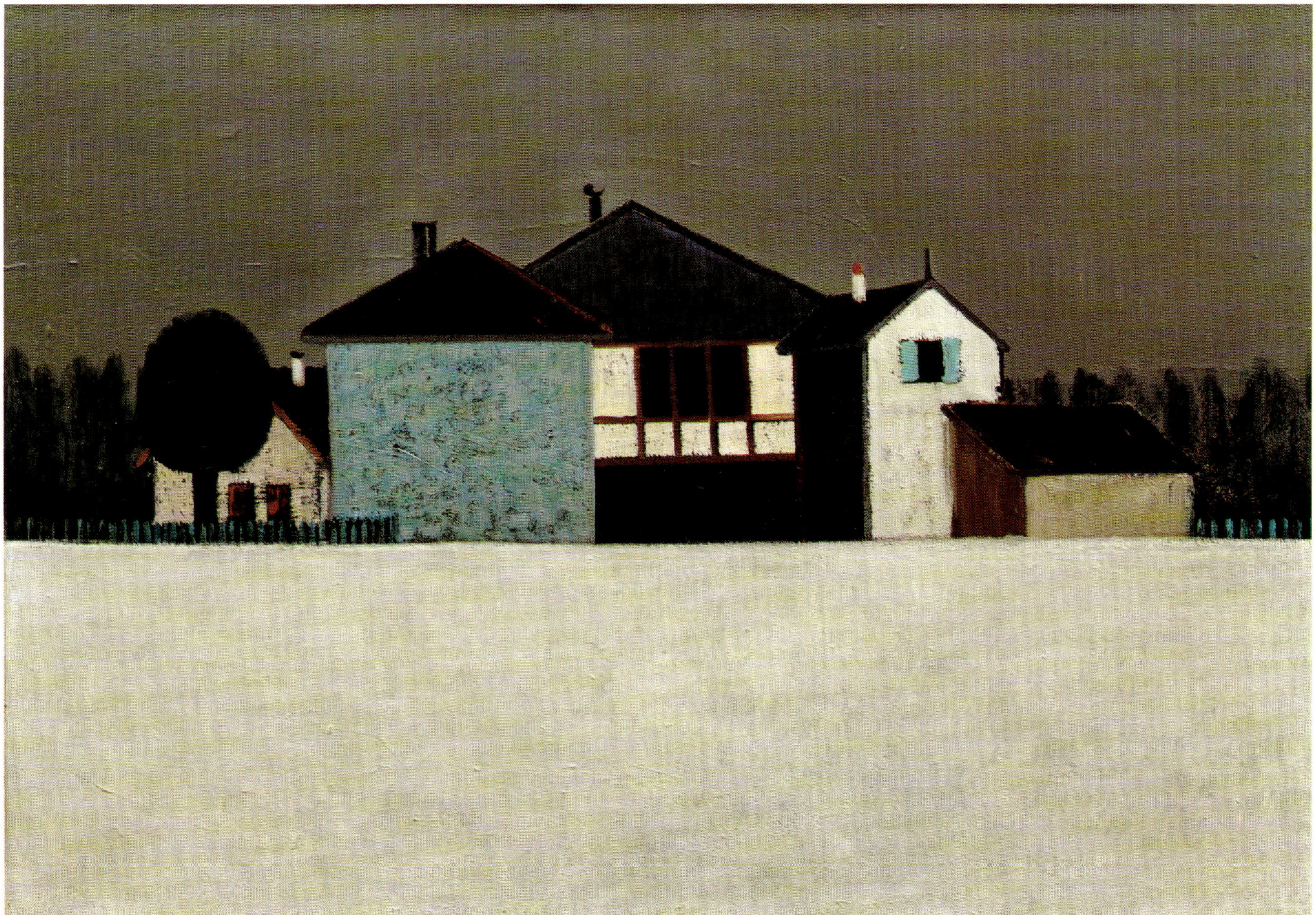
STETTLER 58

54

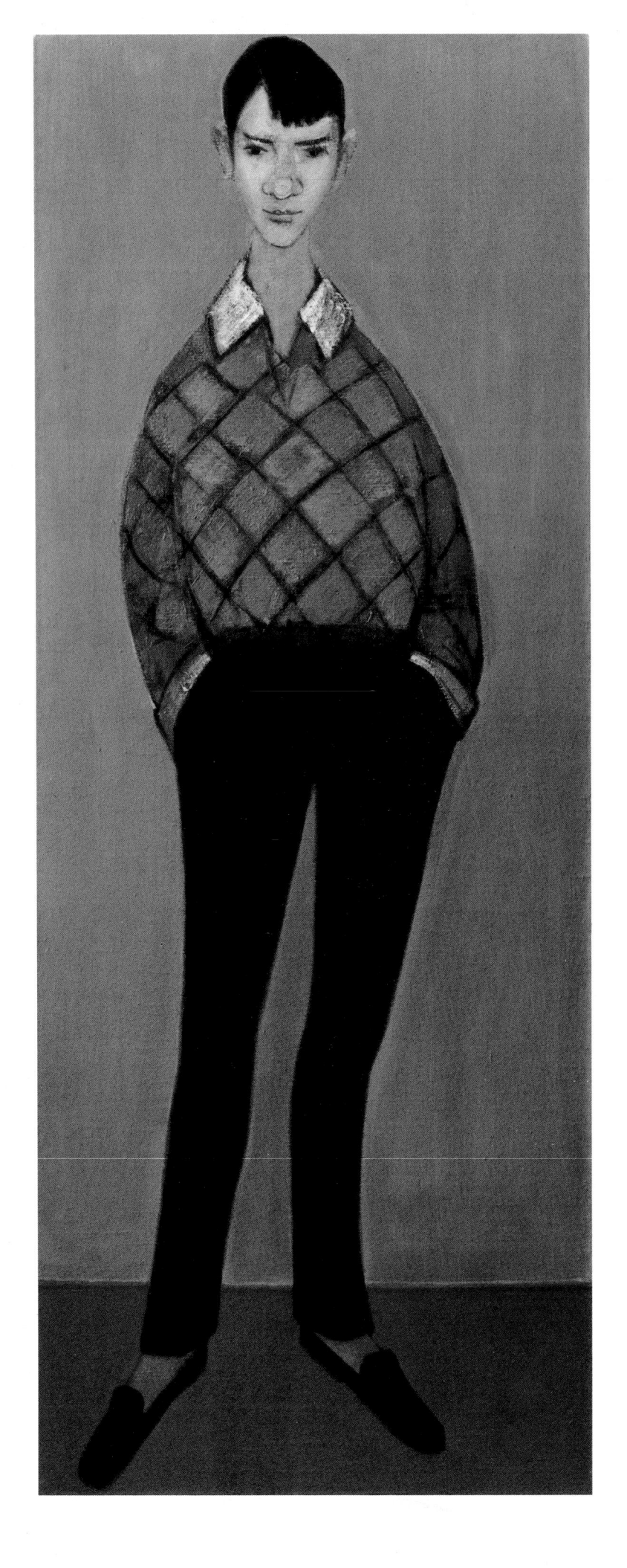

55

56

57

58

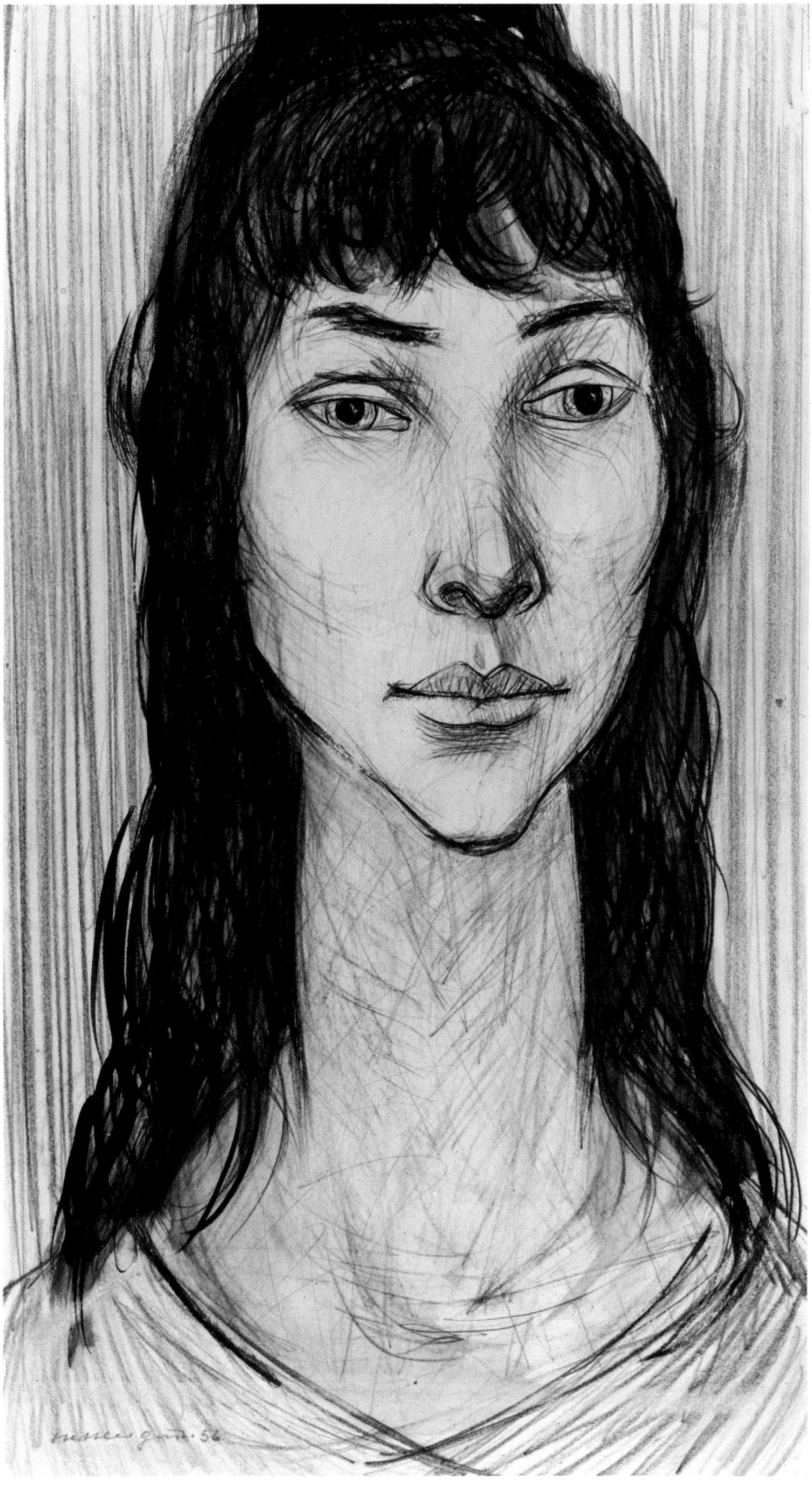

60

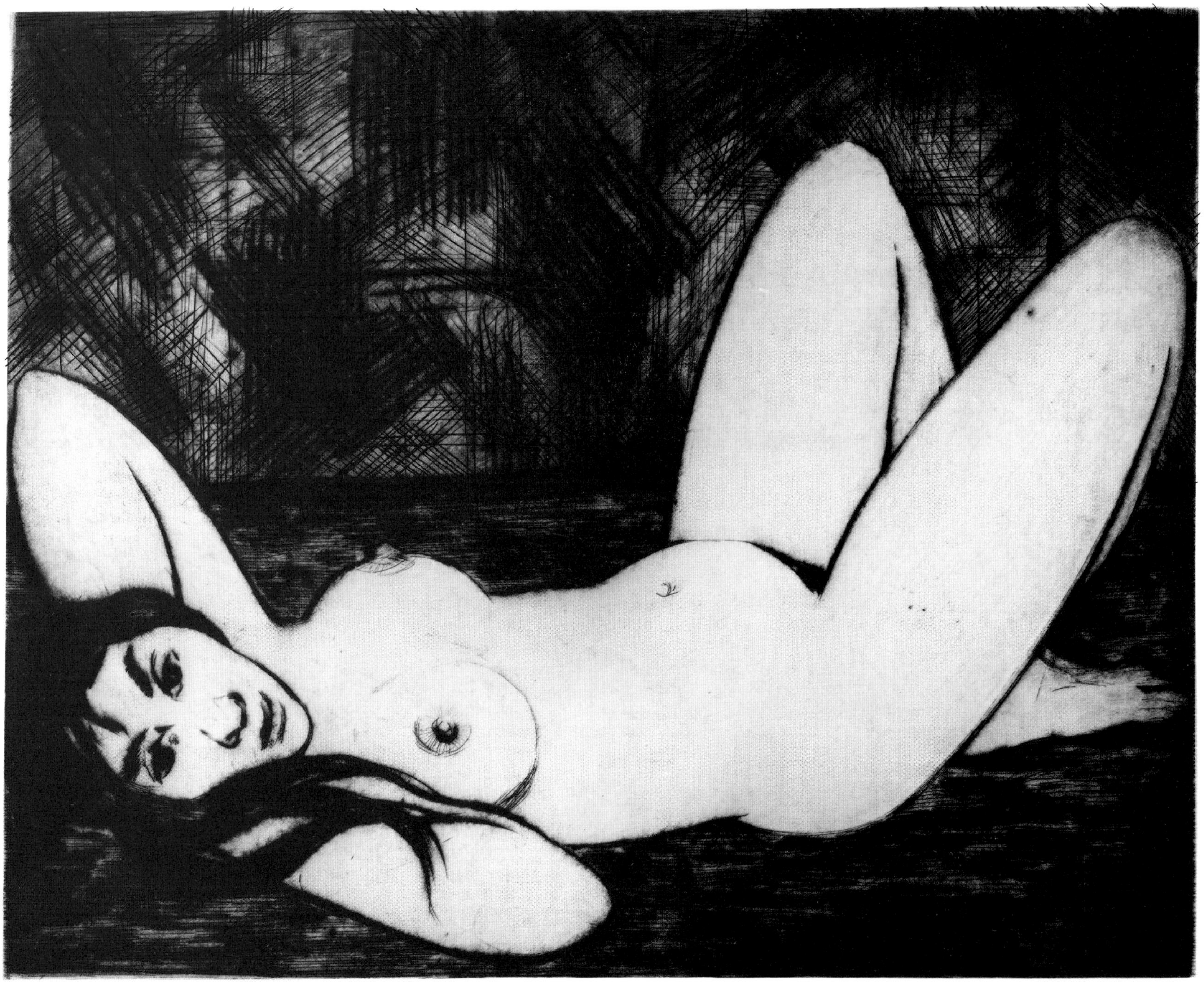

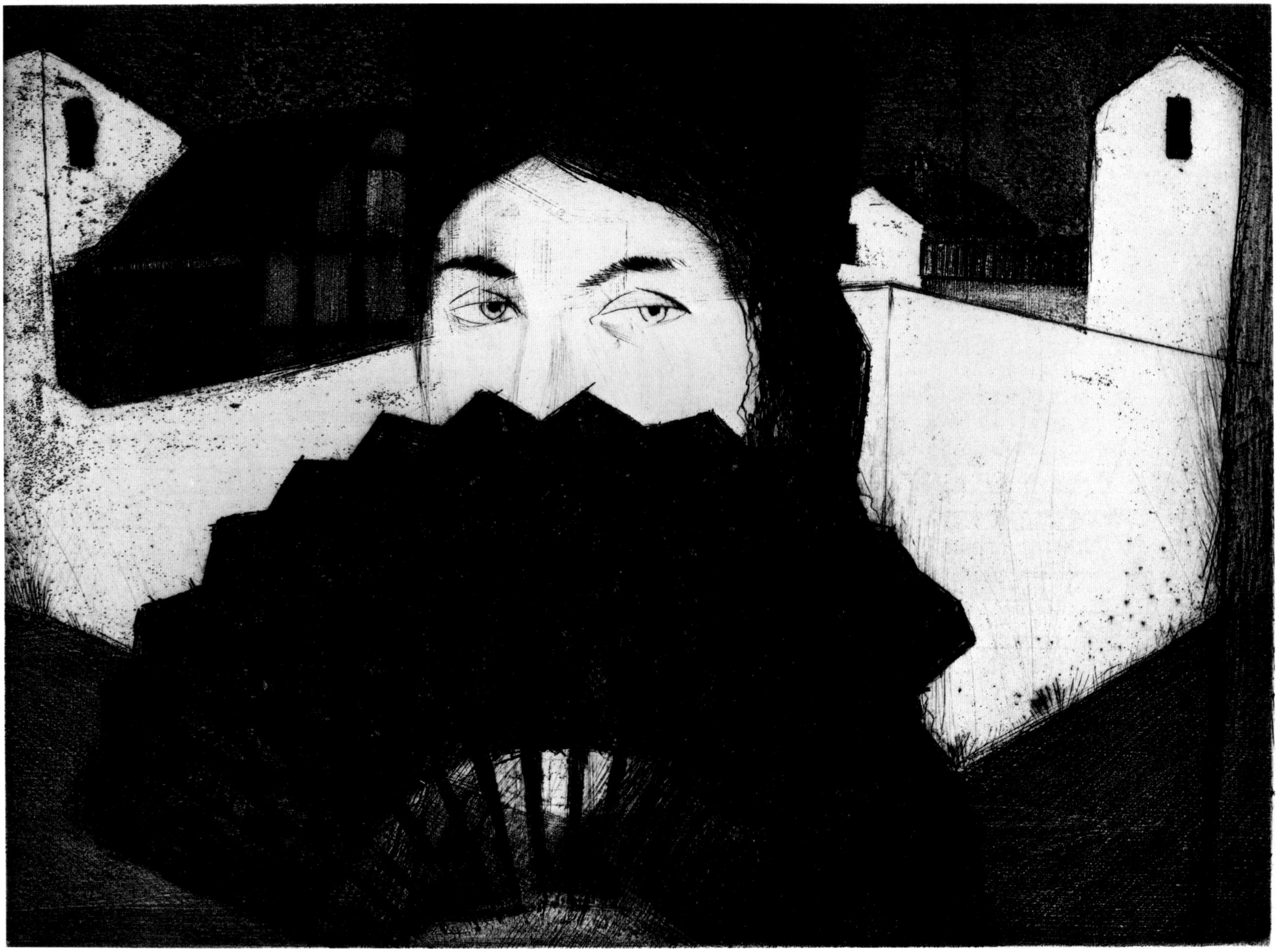

1961–70

65	Stadt im Winter	1960–61	Öl	120×150	Kunstkredit Basel-Stadt
66	Knabe im Lehnstuhl	1962–63	Öl	120×80	P. B. Liestal
67	Stilleben mit Flasche	1963–64	Öl	80×120	
68	Afrikanerin	1967–68	Öl	200×90	Kunstmuseum Aarau
69	Strandschirme	1964–68	Öl	120×120	
70	Kopf eines Jungen	1961–62	Öl	52×64	P. B. Zürich
71	Fussgänger	1965	Öl	150×150	Kirchgemeindehaus Aesch
72	Drei Zypressen	1965	Öl	70×125	P. B. Riehen
73	Mädchen im Hosenkleid	1967	Öl	150×80	
74	Gemäldegalerie II	1963–64	Öl	150×180	P. B. Thun
75	Hippiepaar	1969	Öl	150×100	
76	Im Regen	1965	Bleistift	37×25	
77	Knabe mit Turban	1966	Bleistift	37×25	
78	Der Hof des kleinen Mannes	1962	Radierung	50×65	
79	Sitzende Frau	1962	Aquatinta	49×31	
80	Costa Brava	1967–68	Kaltnadel	50×71	

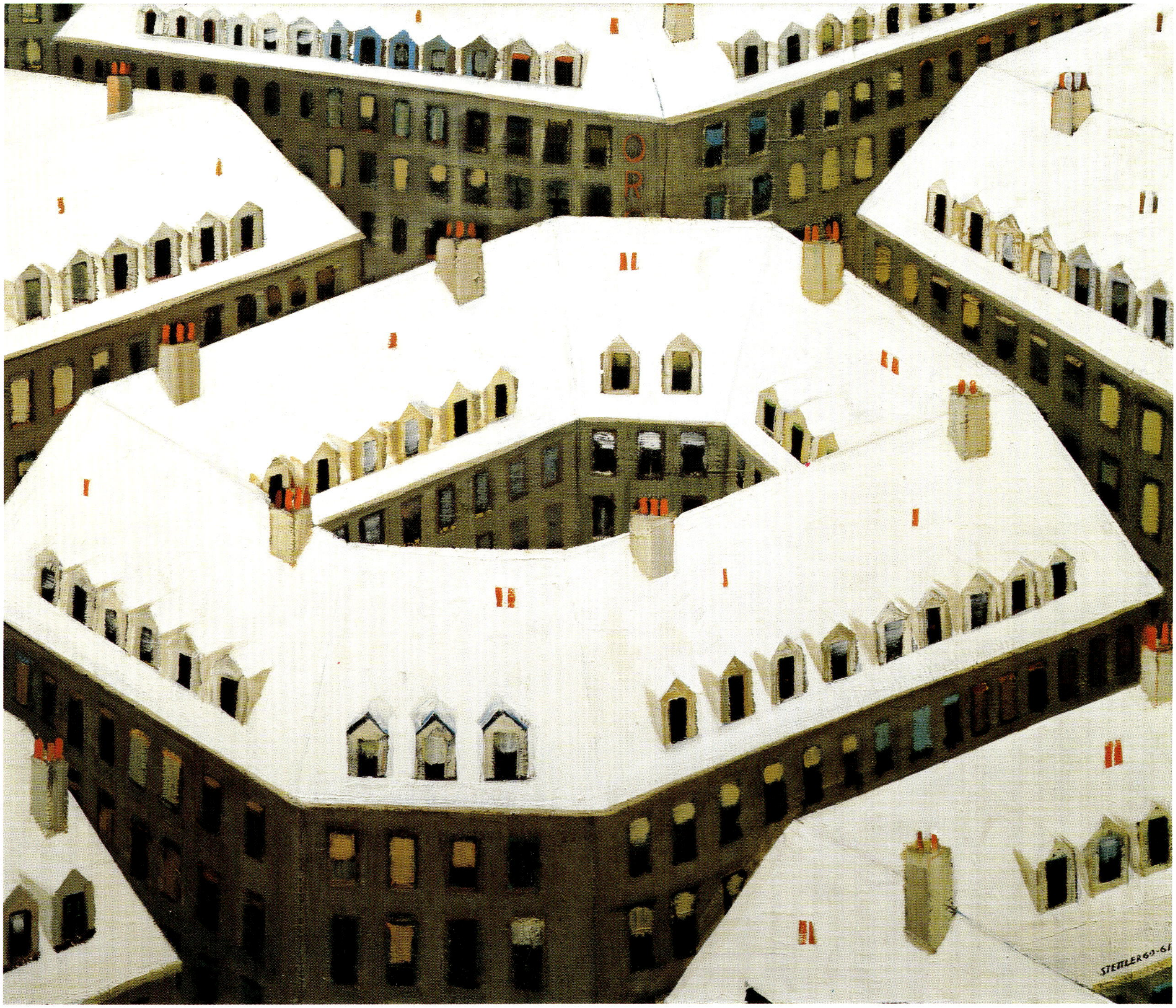
STETTLER 60-61

66

67

68

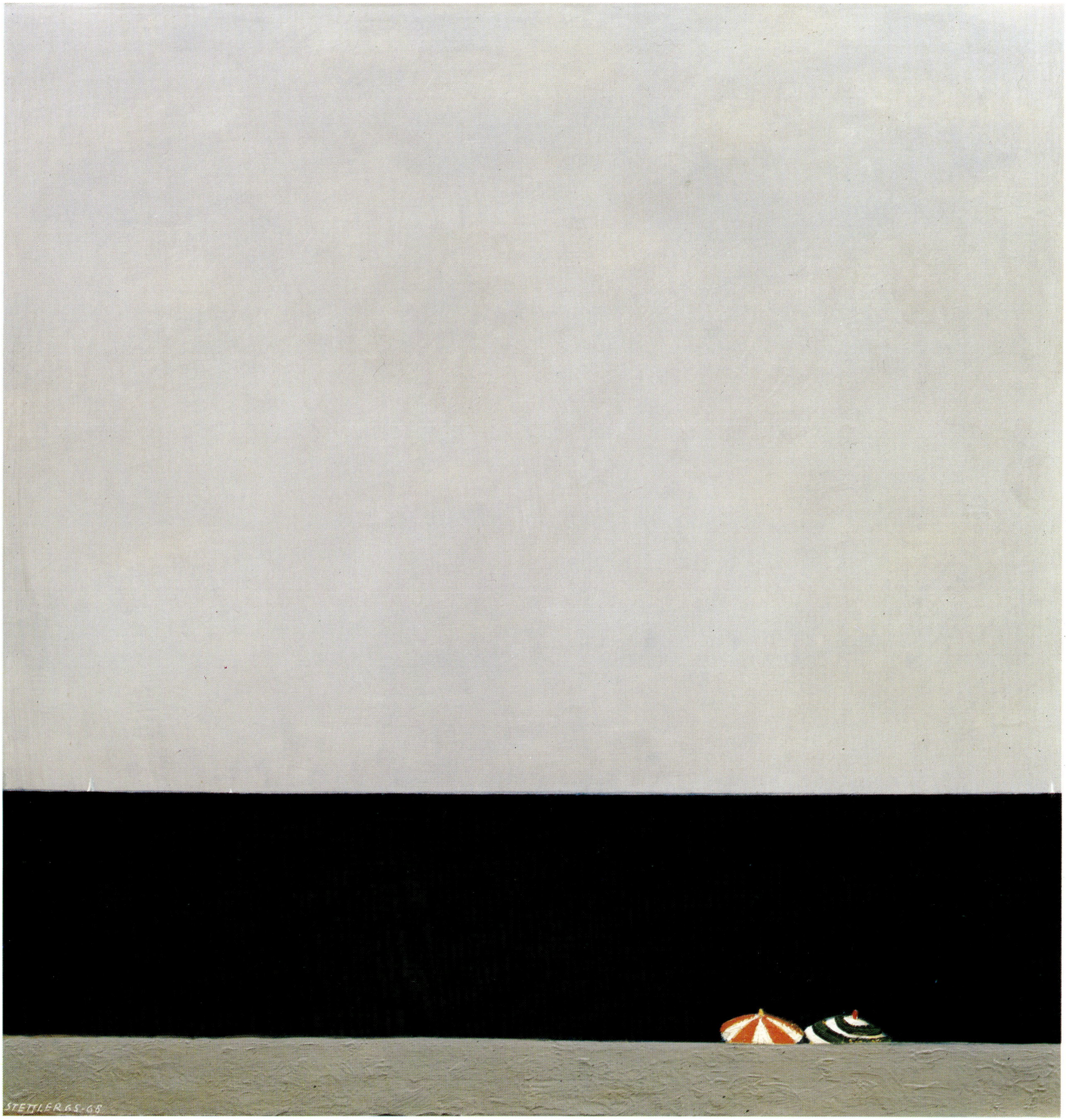
STETTLER 65-68

70

71

72

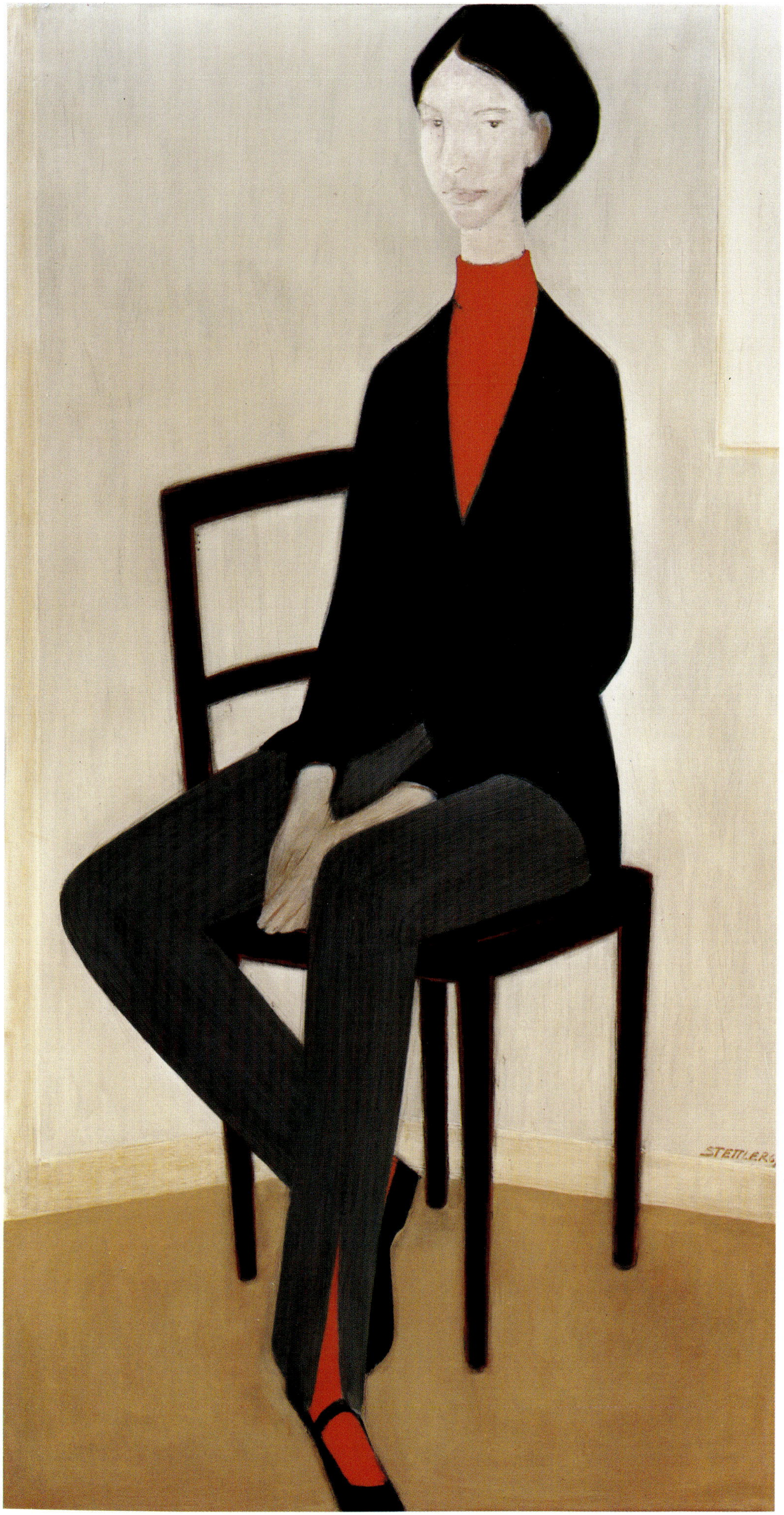

74

75

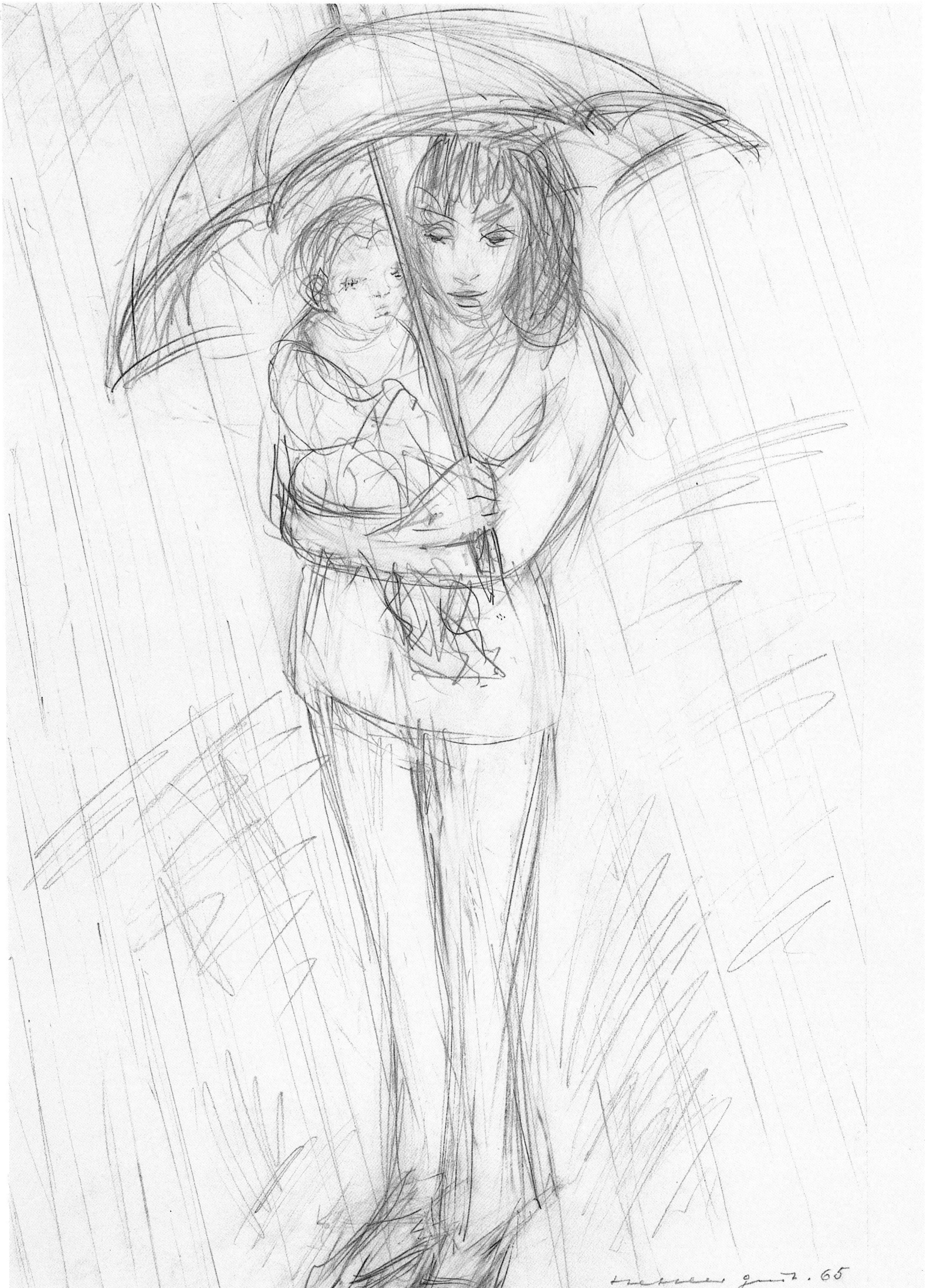

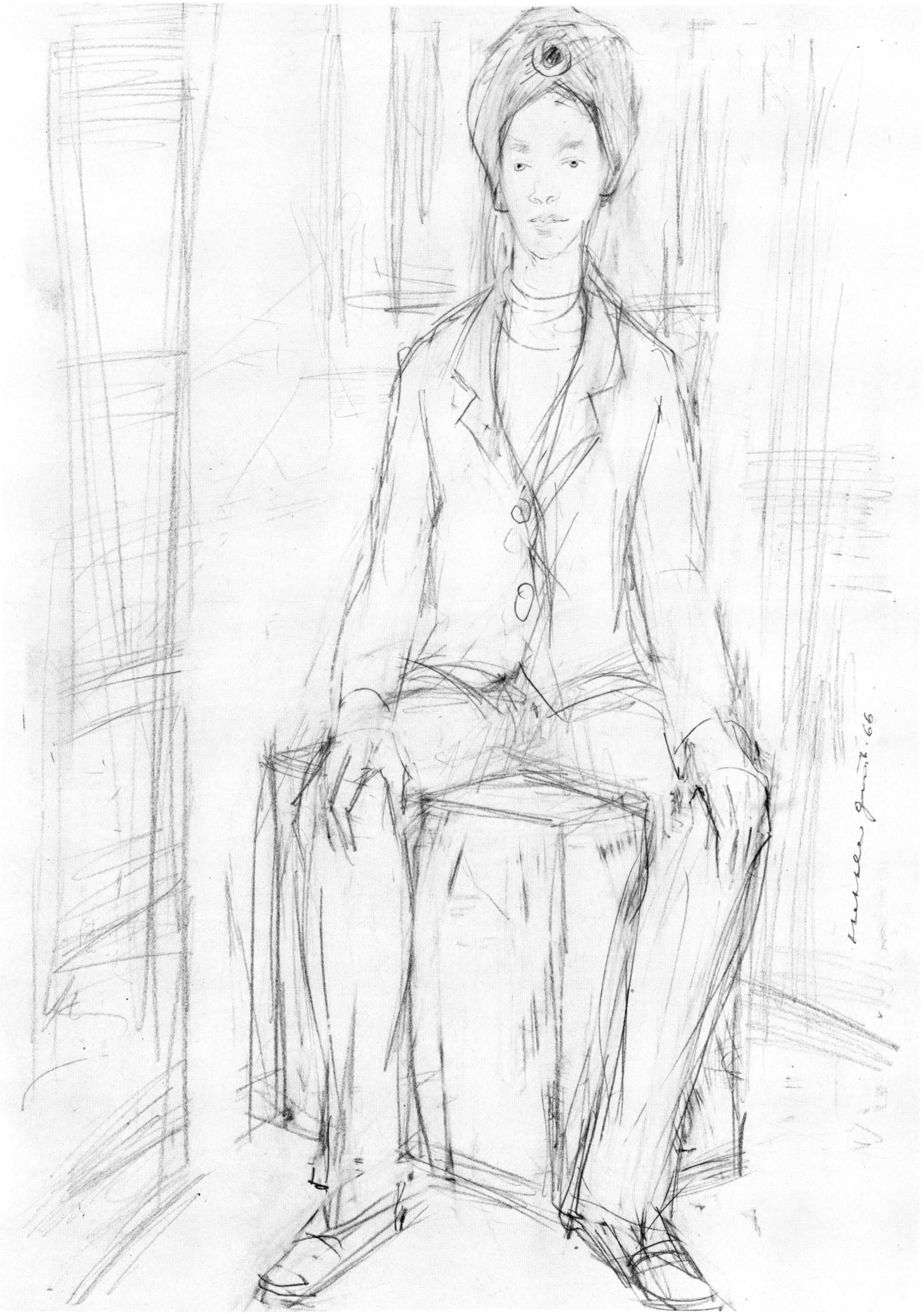

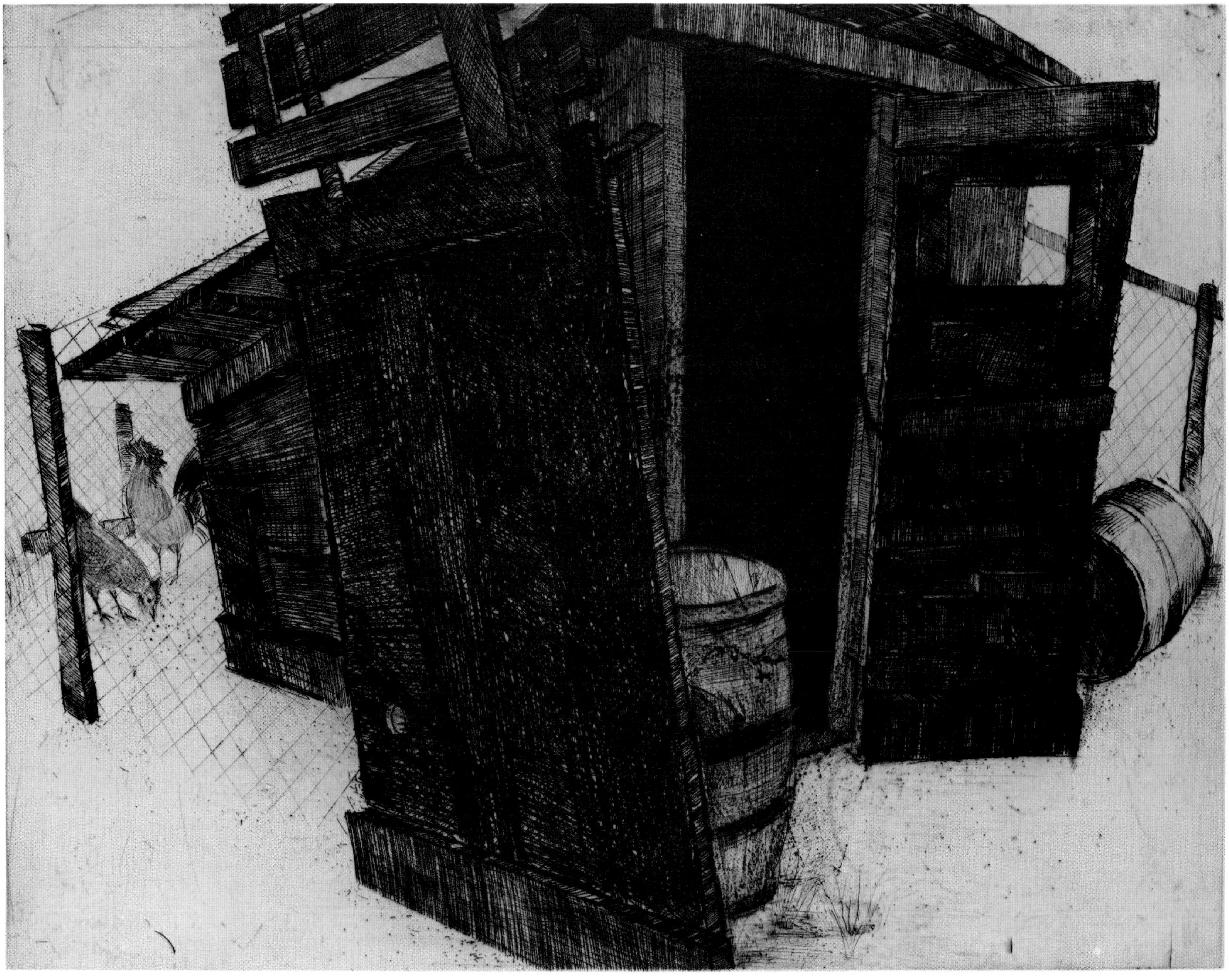

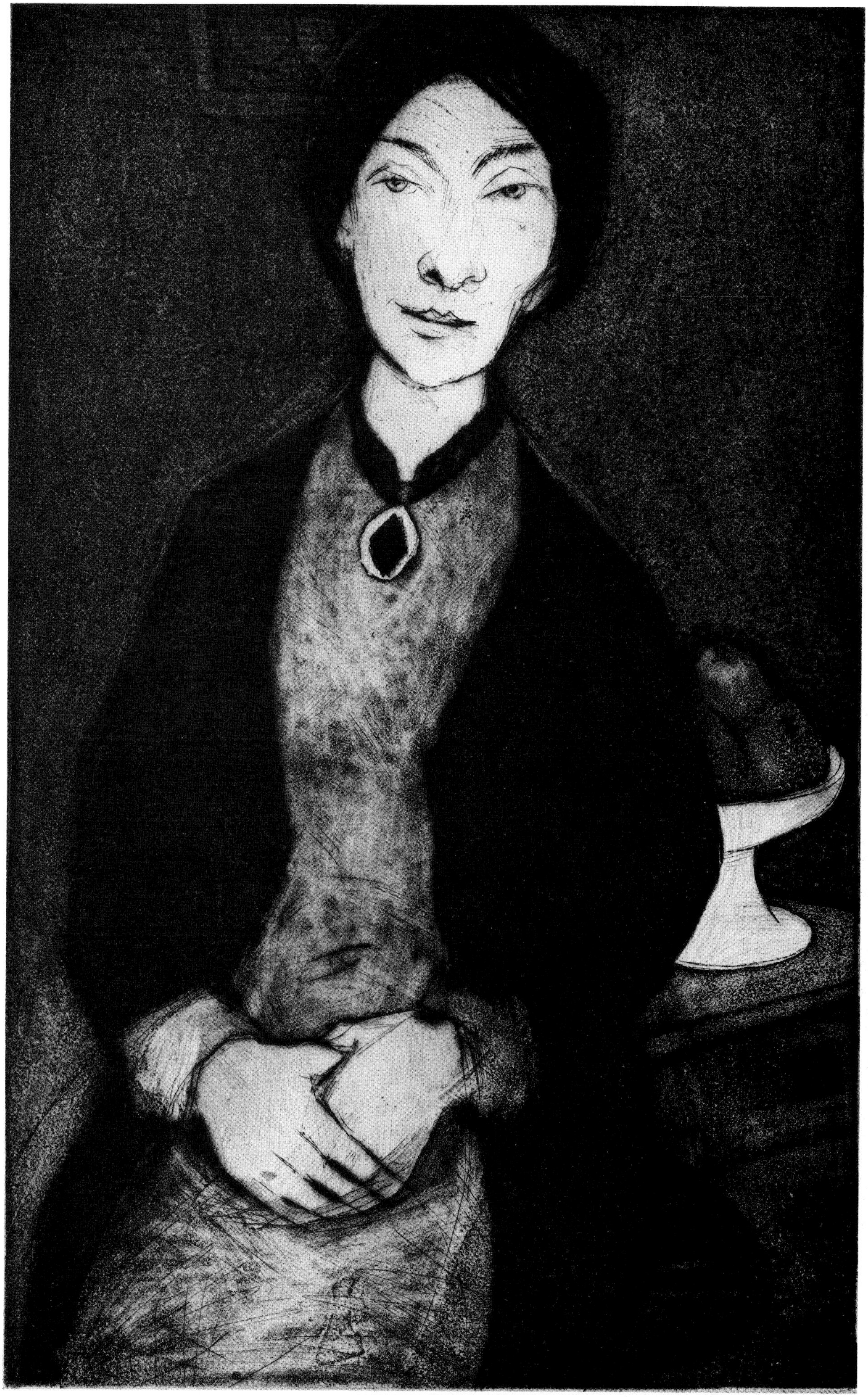

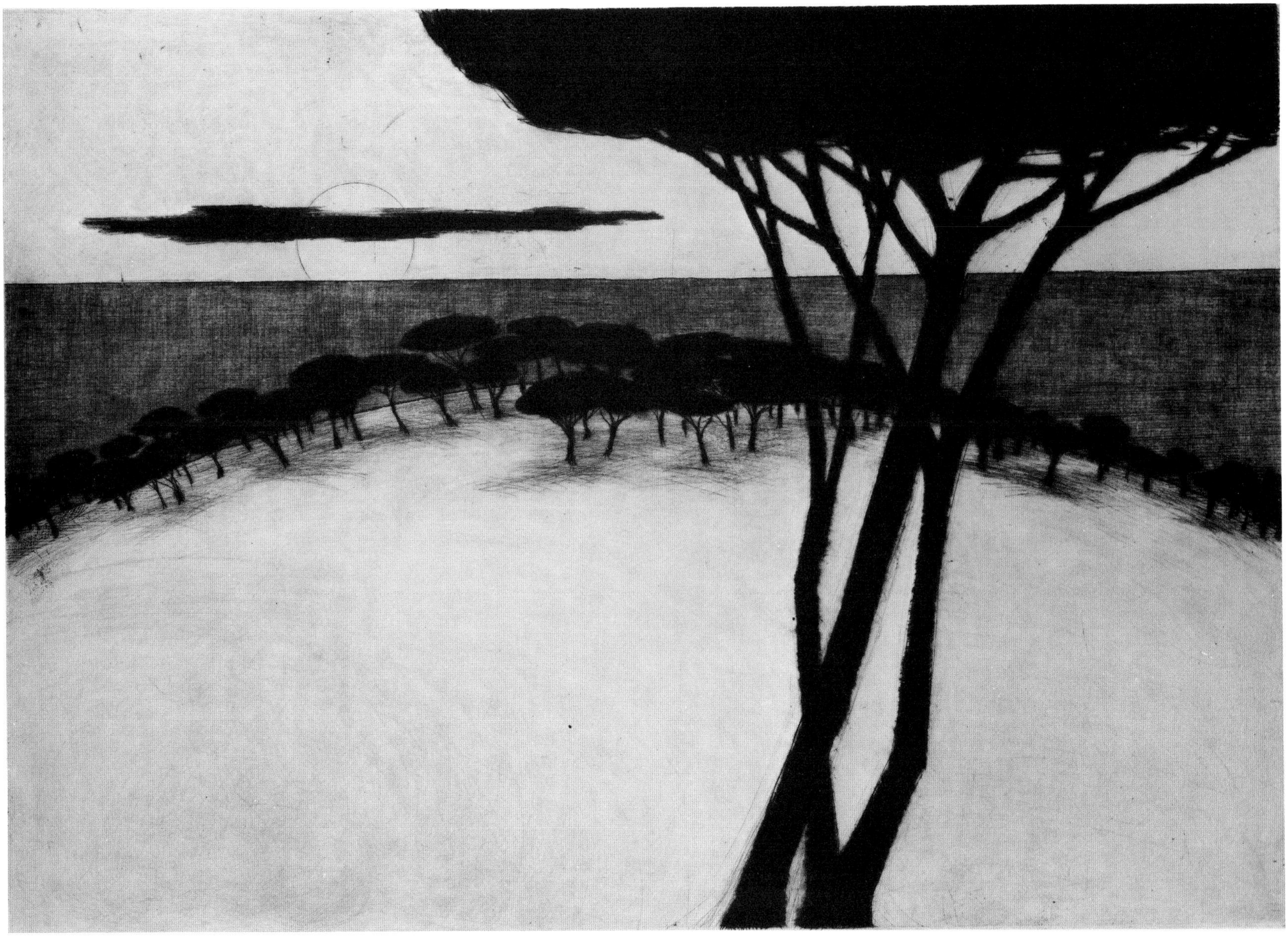

1971–81

Bilder-Verzeichnis

83	Mutter und Kind	1970–73	Öl	120×150
84	Bäume am See	1970	Öl	37×42	P. B. Basel
85	Maigrün	1969–71	Öl	100×100	P. B. Muttenz
86	Töchterschule	1973–75	Öl	150×100	P. B. Allschwil
87	Strassen-Café	1973–75	Öl	100×150
88	Trilogie «Leute»	1976–78	Öl	100×100
89	Trilogie «Leute»	1976–78	Öl	100×100
90	Trilogie «Leute»	1976–78	Öl	100×100
91	Fussgänger «Warten»	1971–79	Öl	80×400
93	Ehepaar	1977–81	Öl	170×99
94	Die Malerin M. K.	1975–77	Öl	64×71	Gemeinde Allschwil
95	Stilleben	1965–70	Öl	100×100
96	Duo	1979–80	Öl	120×90
97	Junger Mann	1980	Öl	52×27
98	Maja Keller	1978–79	Öl	56×38
99	Heimweg	1978–79	Öl	115×136	P. B. Thun
100	Kiss	1980	Öl	100×50
101	Nicol	1981	Öl	80×80
102	Kleine Galerie	1979	Radierung	50×55
103	Kleine Galerie	1979–81	Öl	120×135

83

84

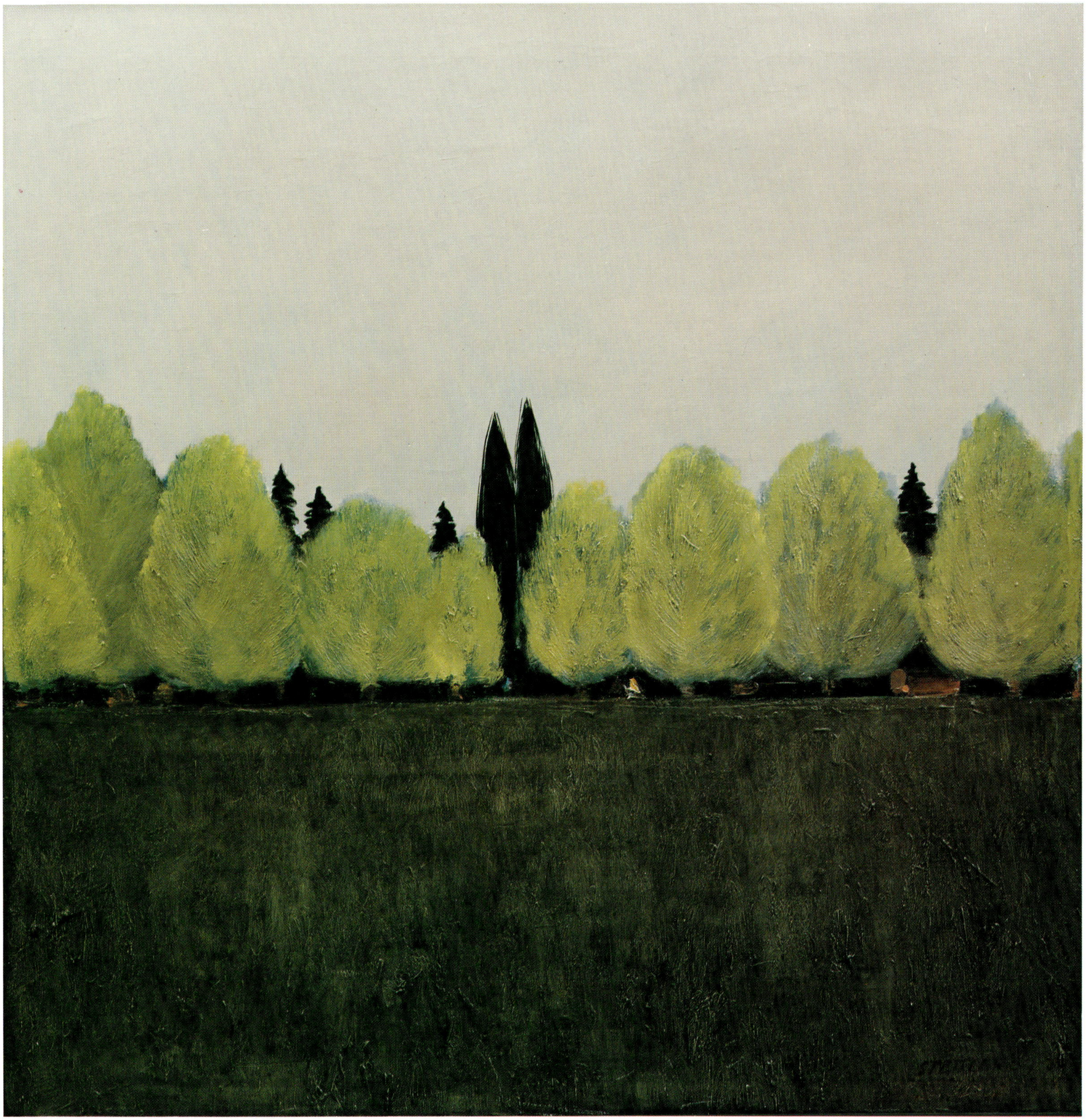

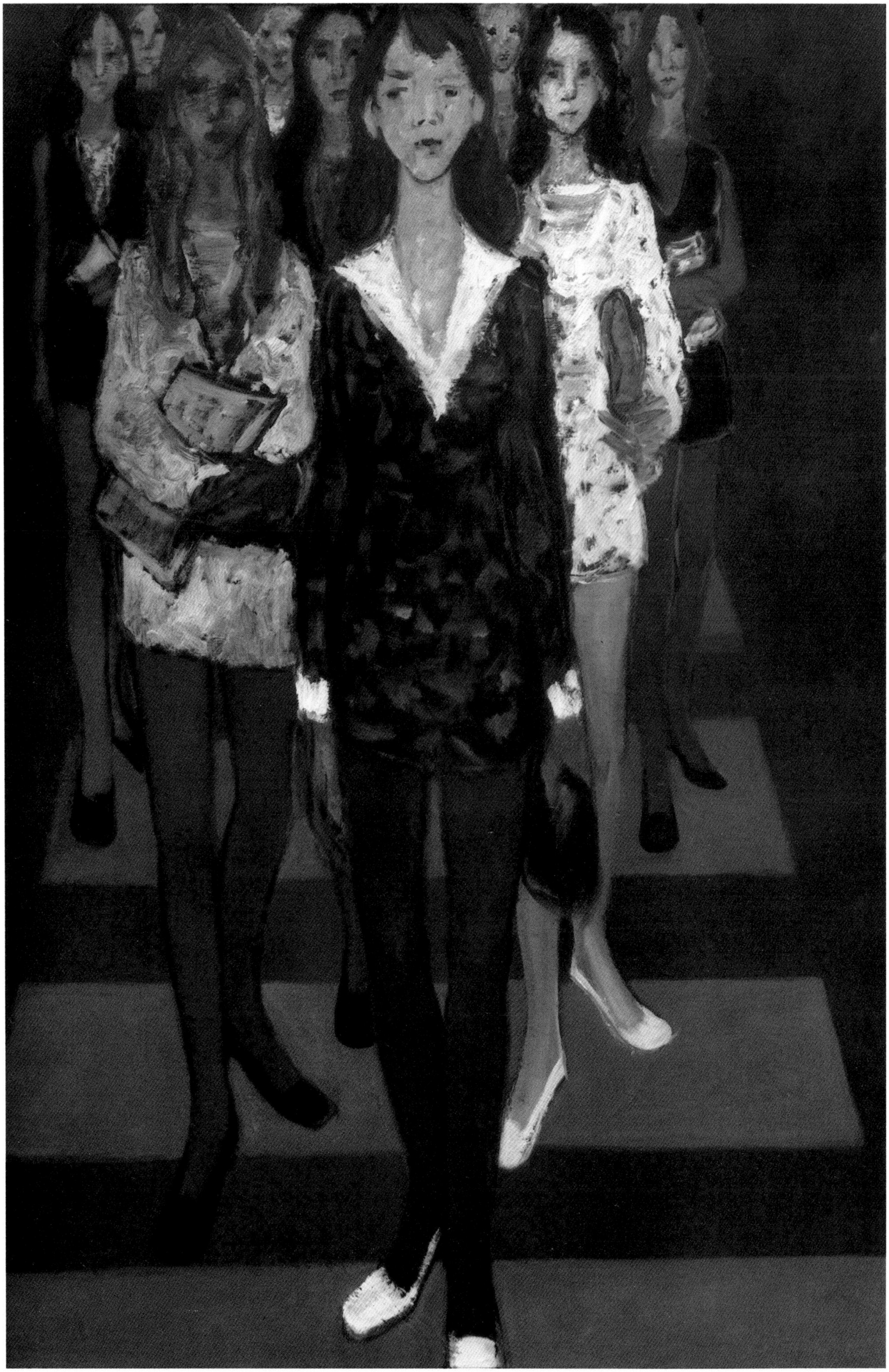

87

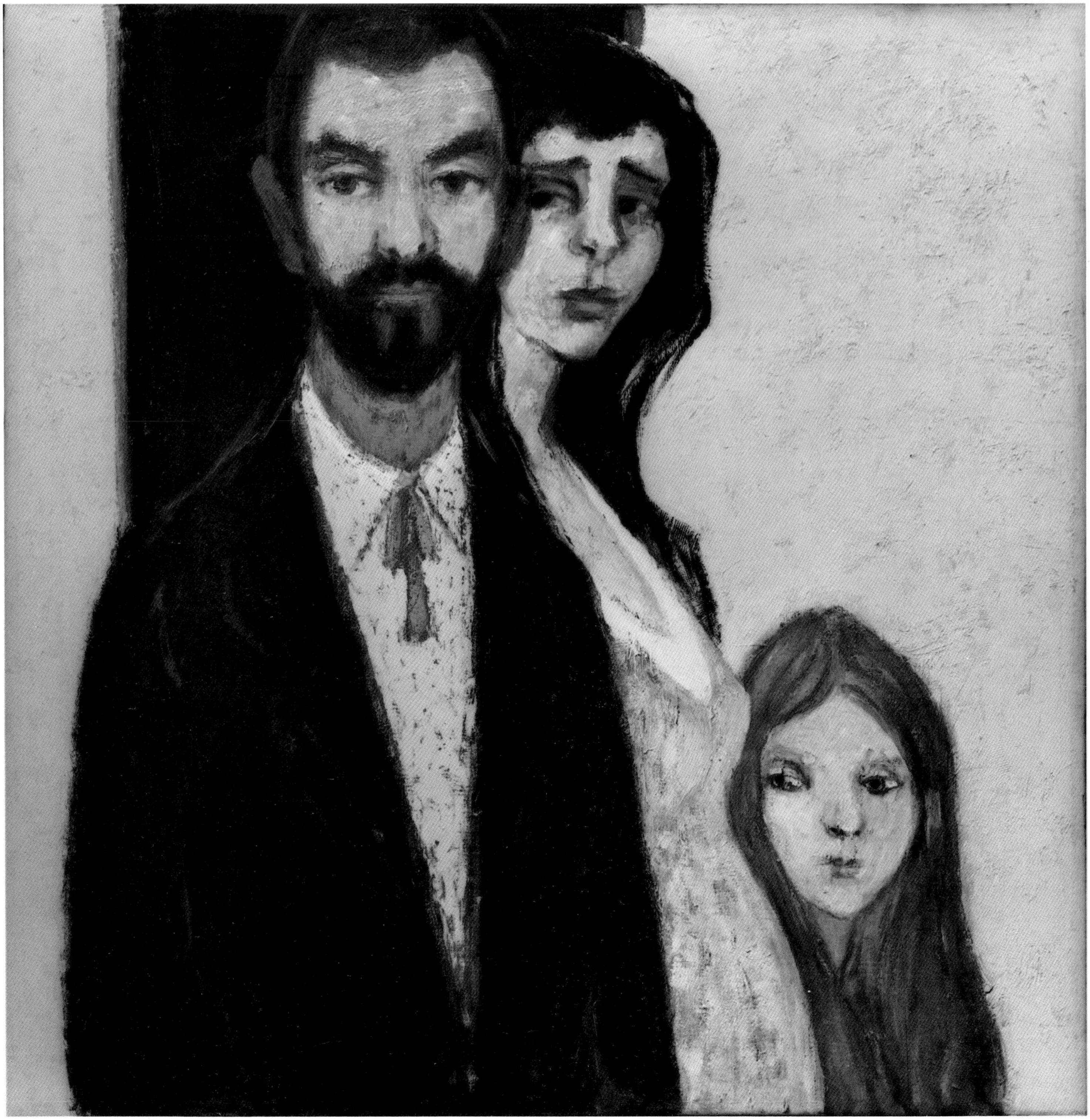

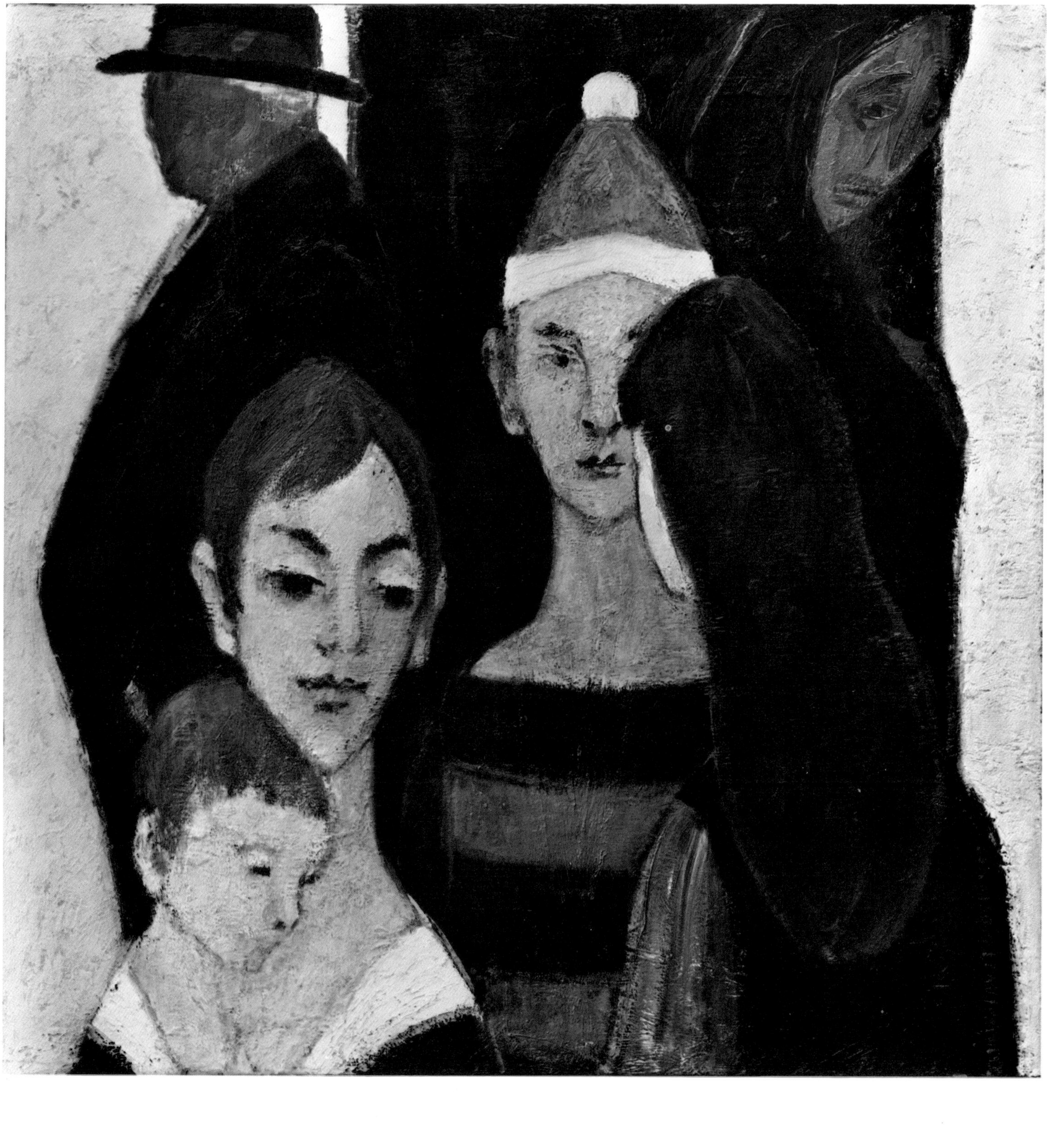

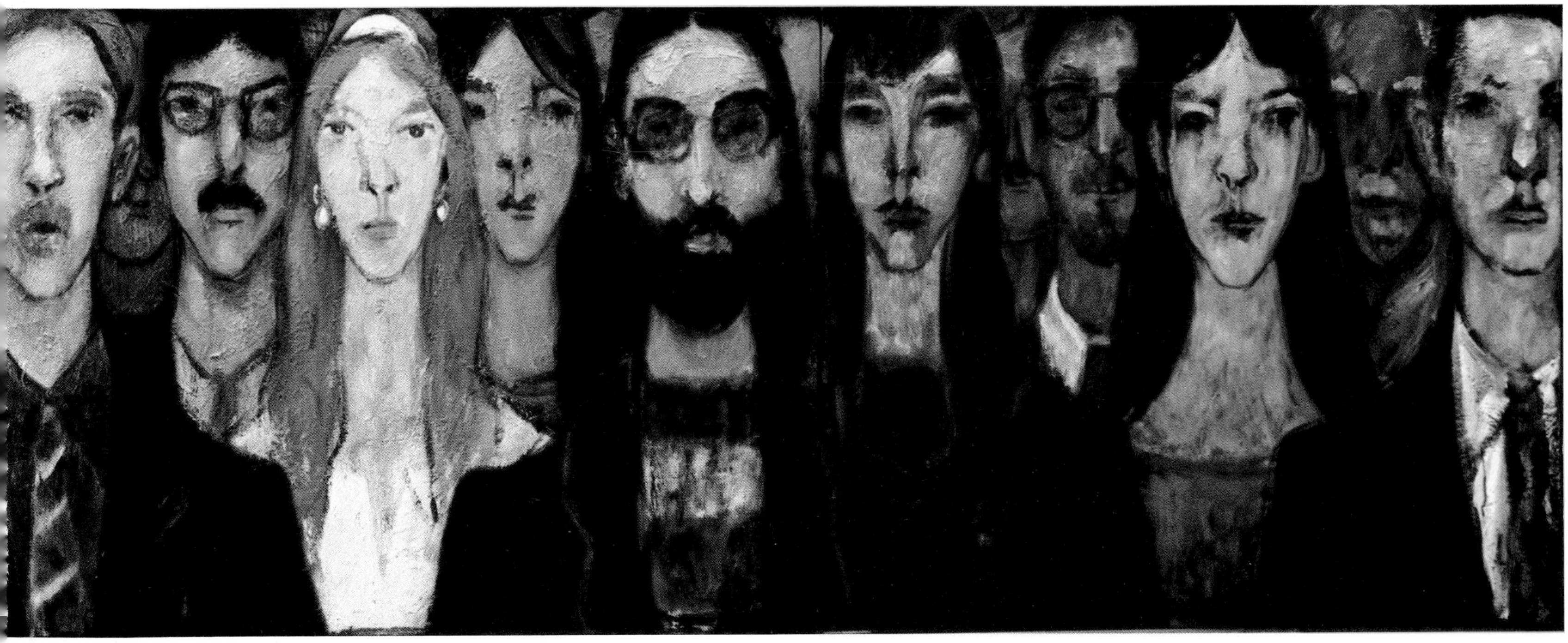

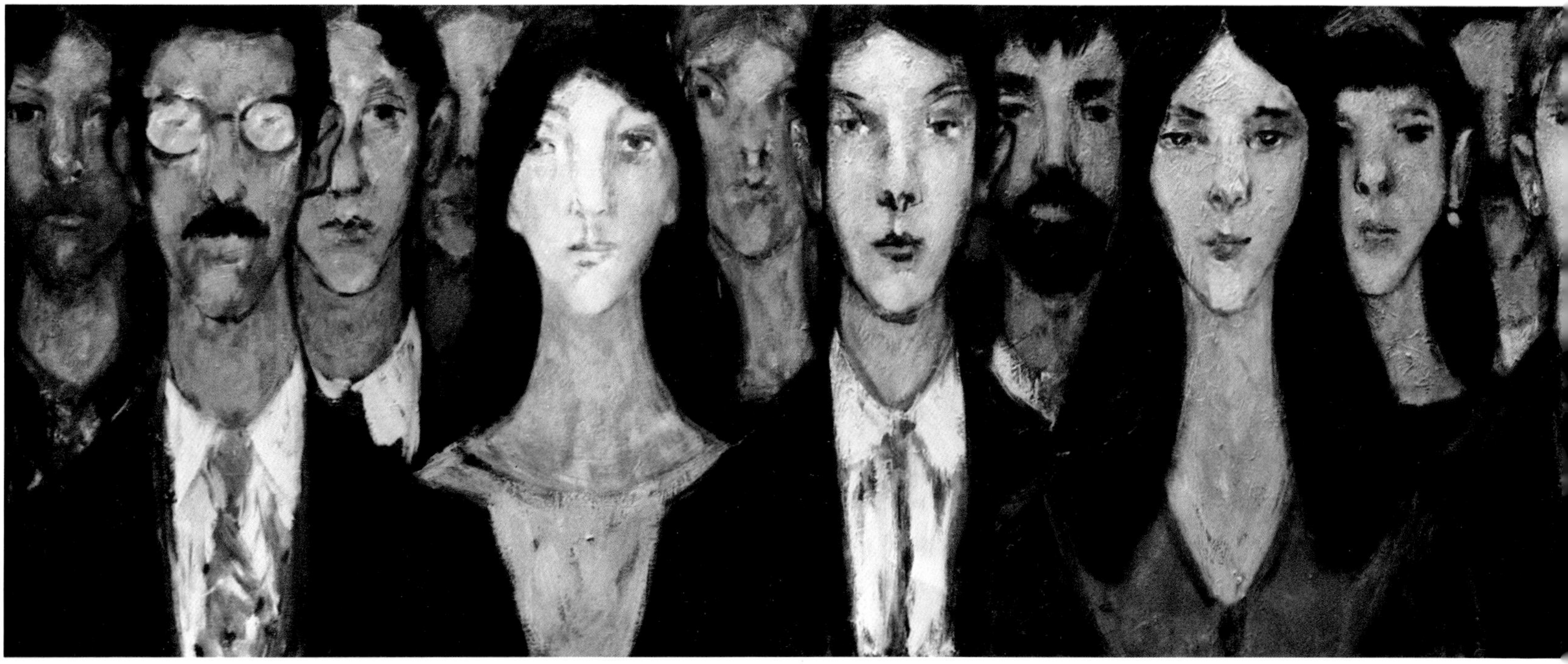

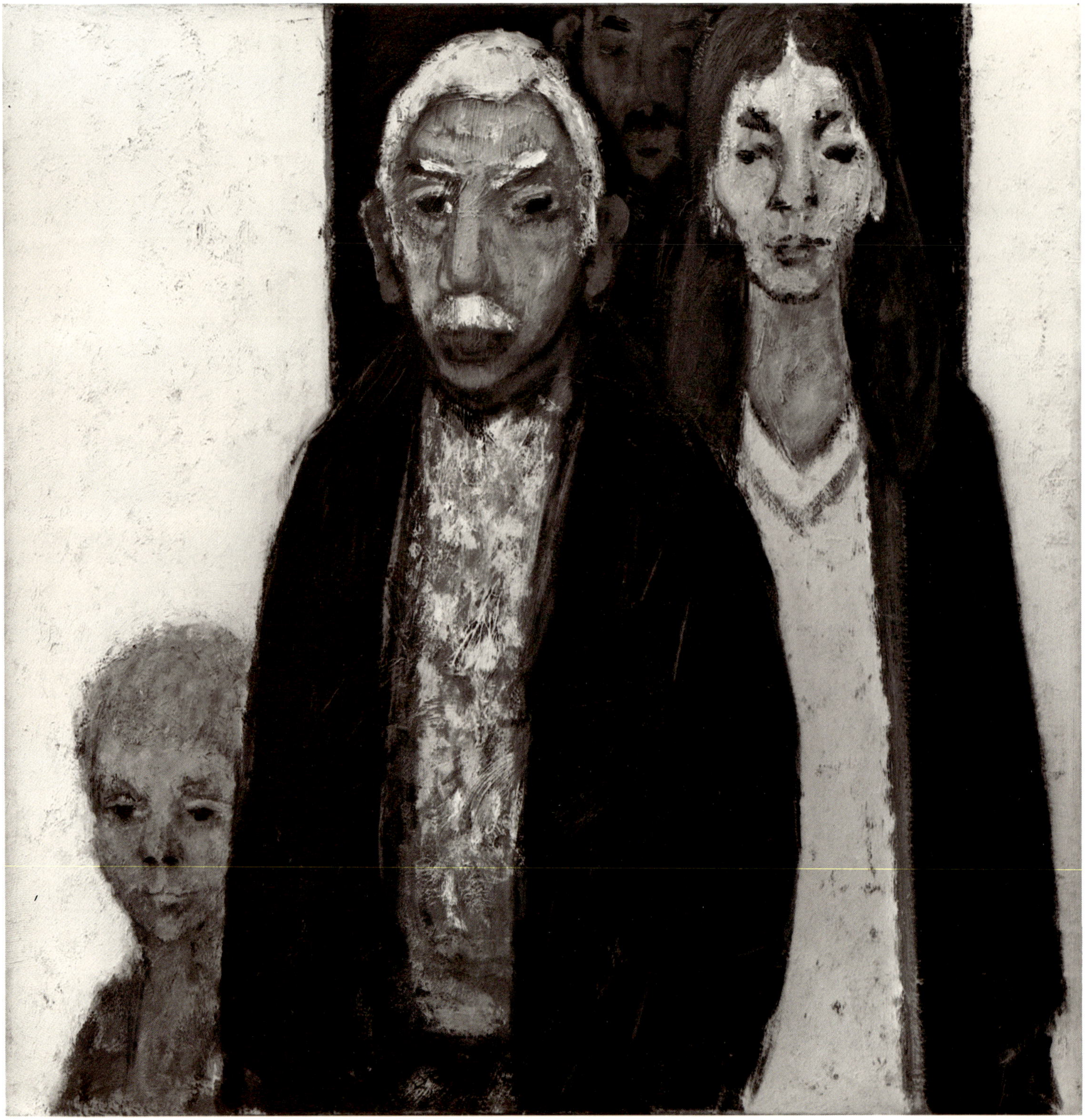

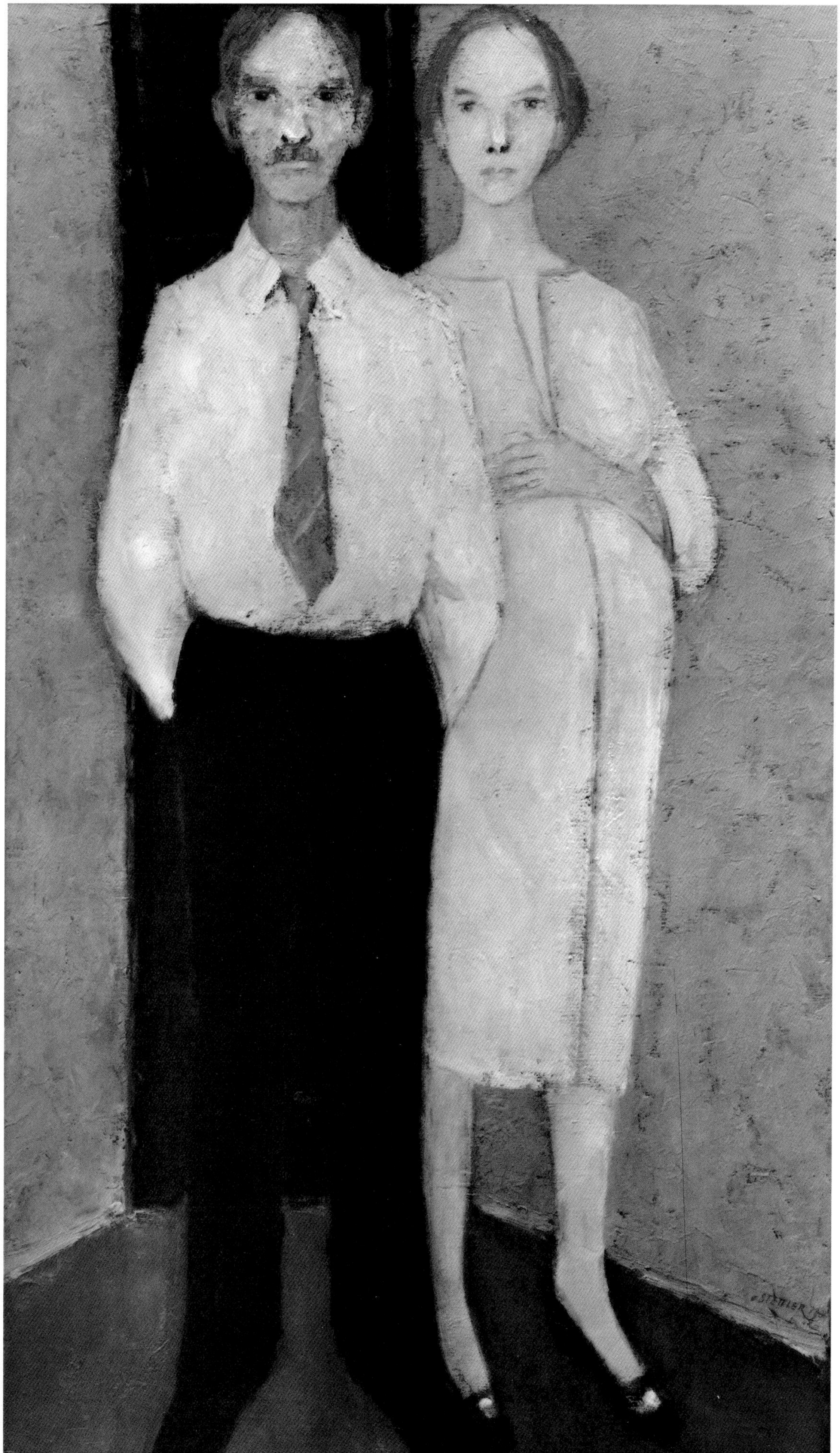

94

95

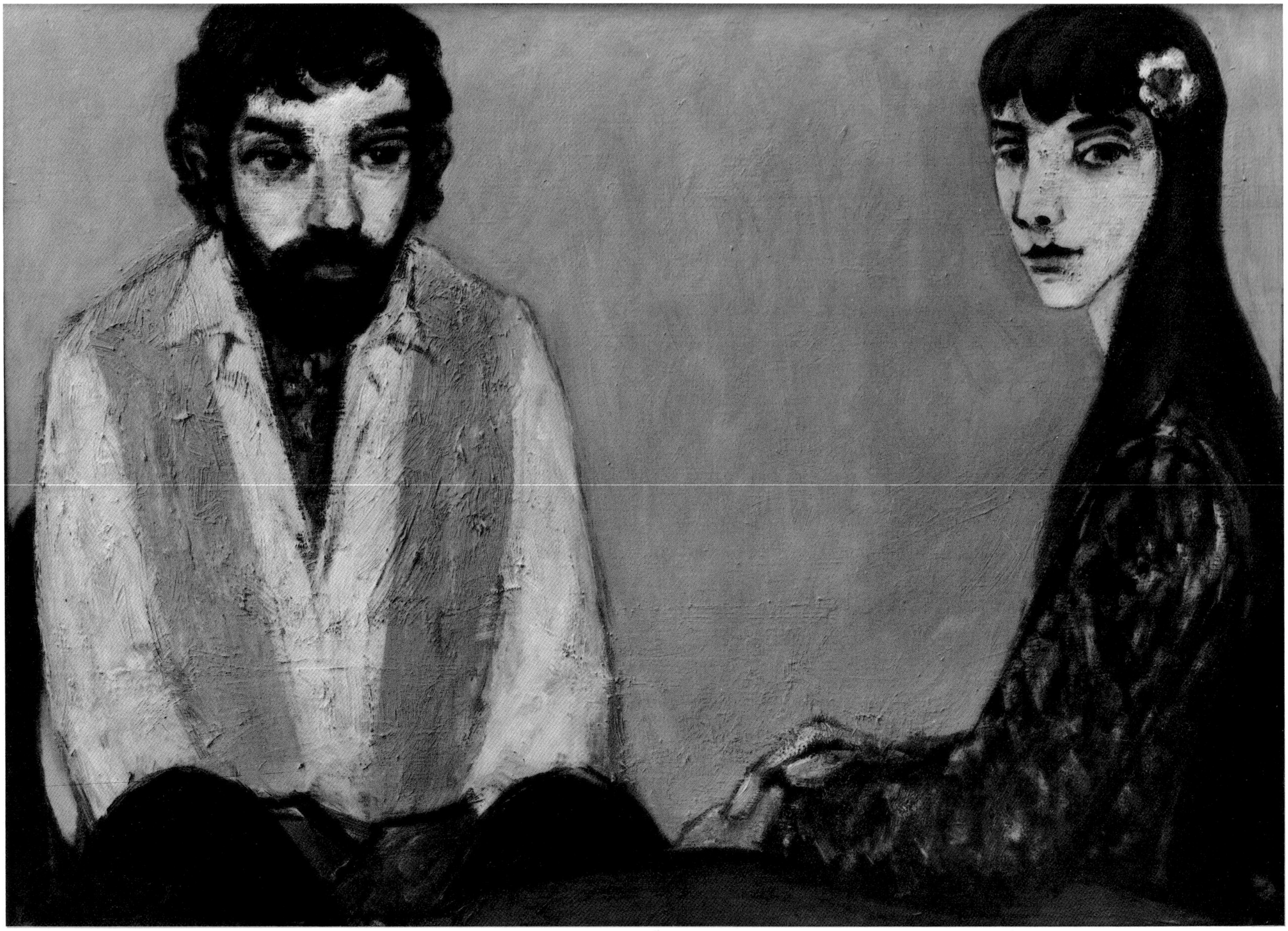

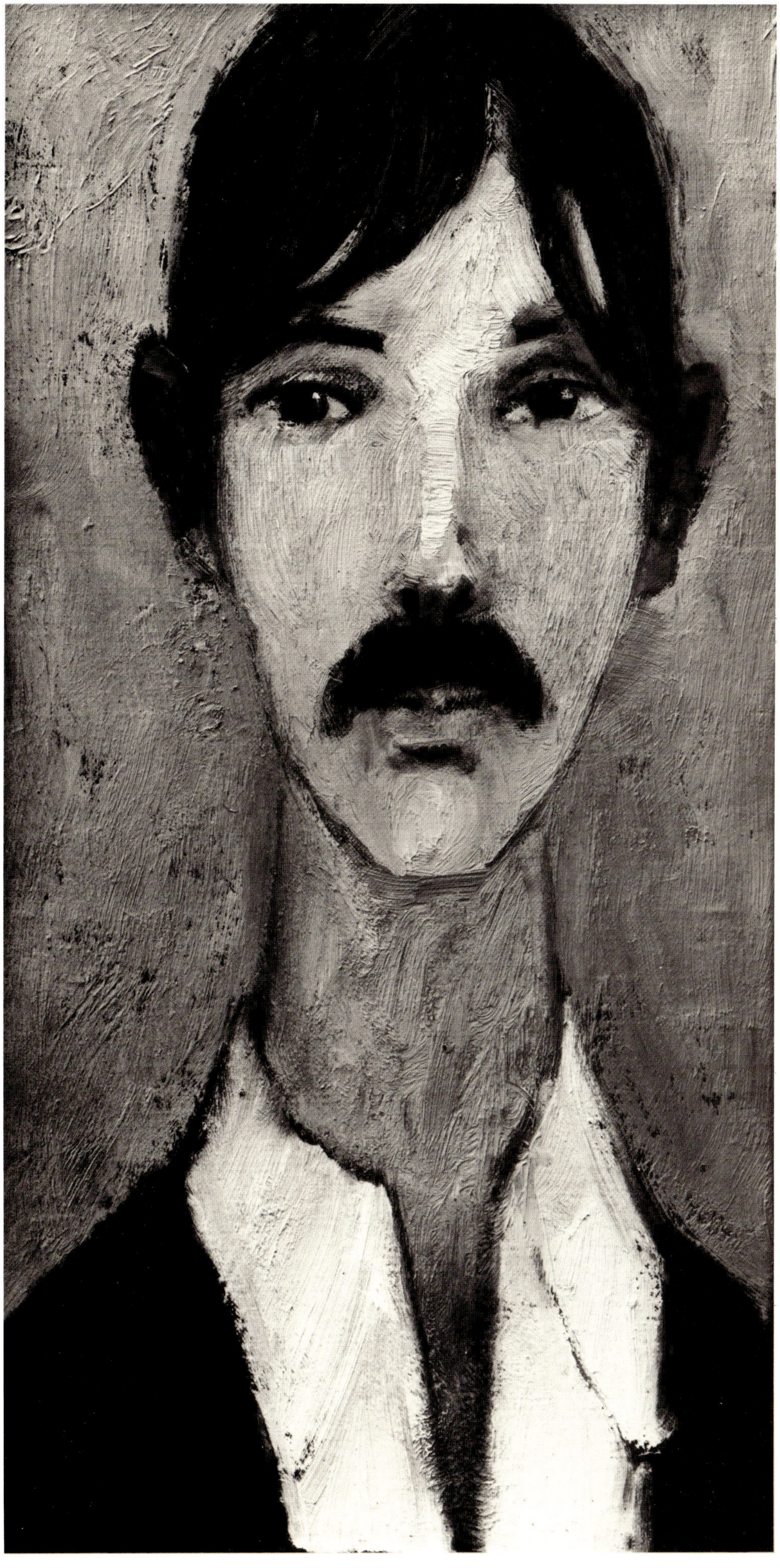

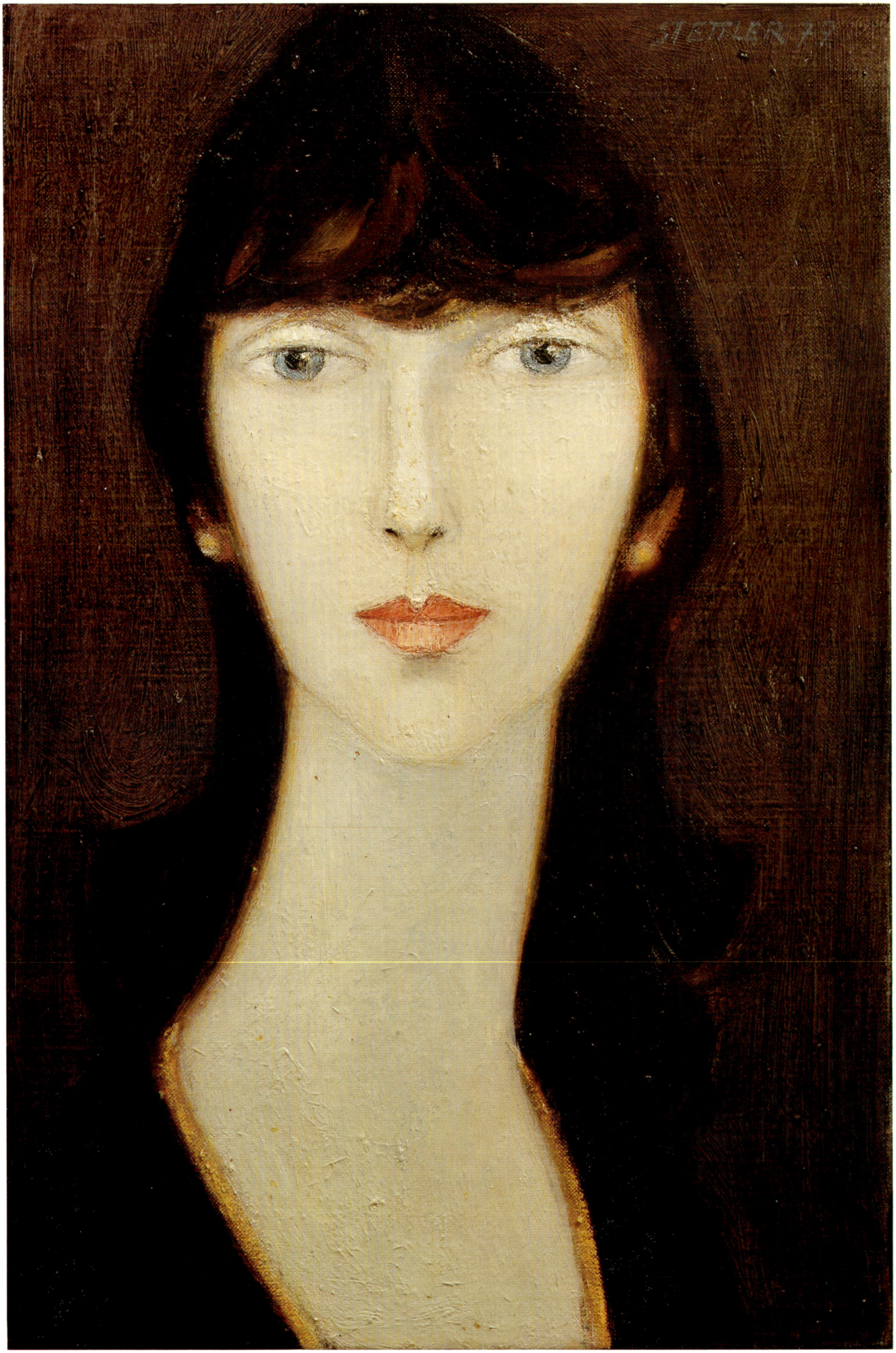
STETTLER 79

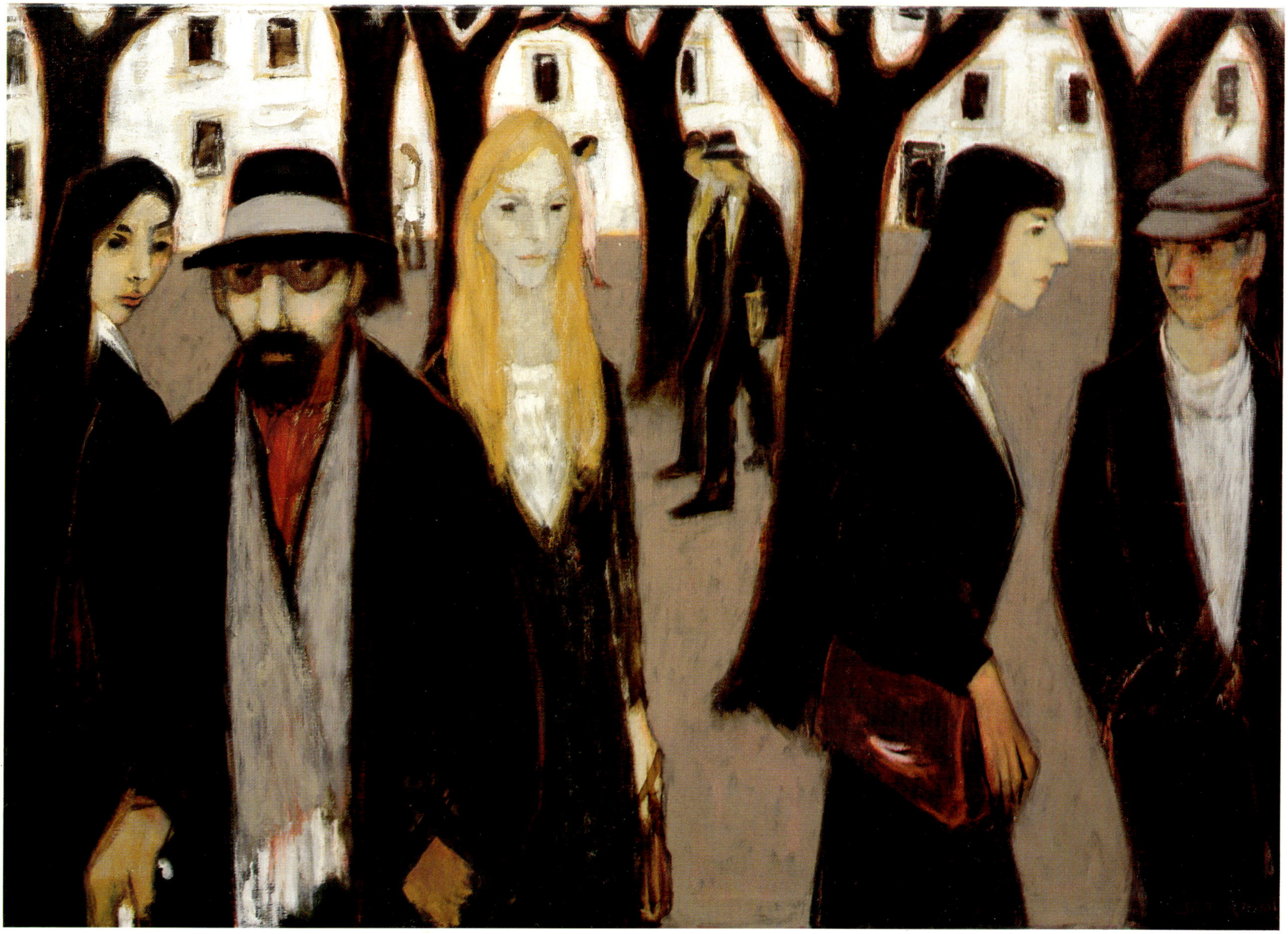

100

101

102

103

Biographische Angaben und wichtigste Ausstellungen

1913	Geboren am 5. April in Oberdiessbach (Kanton Bern), der Vater handelt mit Baumaterialien und führt kleinere Maurerarbeiten aus
1923	stirbt der Vater
	Gustav Stettler und seine drei Schwestern werden bei Verwandten untergebracht; Aufenthalte Gustavs in Freimettigen, Konolfingen und in Walkringen bei der Mutter
1925	kommt er in eine Bauernfamilie ins emmentalische Herbligen und besucht dort die Schule bis 1929
1930–33	in Oberdiessbach: Lehre als Flach- und Schriftenmaler
1933	besucht der Zwanzigjährige in der Kunsthalle Bern die E. L. Kirchner-Ausstellung – sie ist sein erstes grosses Kunsterlebnis!
1934	im Frühjahr fährt Stettler mit seinem Velo über Bern, Biel und Delémont nach Basel, wo er sich neben der täglichen Berufsarbeit an der Allg. Gewerbeschule in Abendkursen auf eine Tätigkeit als freischaffender Künstler vorbereiten kann
1934–39	Abendkurse an der Allg. Gewerbeschule
1935–38	jeweils im Wintersemester auch Tageskurse (Malklasse Arnold Fiechter)
1938	Heirat mit der Bernerin Nelly Stähli
1939	Besuch der Prado-Ausstellung in Genf (Goya, Velasquez, El Greco)
	Geburt des Sohnes Peter; Ausbruch des Zweiten Weltkrieges
1939–45	lange Aktivdienste (in den ersten zwei Kriegsjahren 22 Monate)
	Erste Radierungen
1940–47	Diverse Stipendien des Basler Kunstvereins, der Schweiz. Eidgenossenschaft und der PRO ARTE Bern
1942	Kunsthaus Zürich: «Junge Schweiz»
	Das Kunstmuseum Basel erwirbt das Bild «Die Stadt» (1941/42)

1943	gewinnt Stettler mit seinem Bild «Die Zeugen» den Wettbewerb des Staatlichen Kunstkredites Basel-Stadt für den Wandschmuck im Trauungssaal des Basler Zivilstandsamtes (Bild jetzt im Kunstmuseum Basel)
	Berufung als Zeichenlehrer an die kunstgewerbliche Abteilung der Allg. Gewerbeschule Basel. Stettler übt diese Tätigkeit (Teilpensum) bis zum altershalben Rücktritt im Jahre 1978 aus
1944	Kunsthalle Basel: «Junge Basler Künstler»
1945	Kunsthalle Bern: «Junge Berner Künstler»
	Kunstmuseum Bern: «Nationale Kunstausstellung»
	Kunsthaus Luzern: «Jüngere Basler Maler» (Walter Schneider, Paul Stöckli, Max Kämpf, Karl Glatt, Gustav Stettler)
1947	1. Reise durch Frankreich: Strassburg, Reims, Paris, Chartres, Le Mans, Angers, Nantes (Kriegsruinen!)
1948	2. Reise: Paris, Bourges, Poitiers, Angoulème, Périgueux, Saintes, Bordeaux
	Wird der «Kreis 48» gegründet, u. a. von Max Kämpf (1912–1982), Paul Stöckli (geb. 1906), Karl Glatt (geb. 1912) und Gustav Stettler
	1. Ausstellung von Radierungen: Galerie Klipstein, Bern
1949	3. Reise: Burgund, Massif Central, Dordogne (Lascaux), Moissac, Toulouse, Albi, Roussillon und Provence
1950	nach 15 Jahren in der Altstadtwohnung am Spalenberg bezieht der Maler ein Atelierhaus in einer von Architekt Hans Schmidt am Kohlistieg in Riehen erbauten Wohngenossenschaft; im Keller richtet er sich für den Druck seiner graphischen Arbeiten ein
	Kunsthalle Basel: «Kreis 48»
1952	Glasbild Gellert-Schulhaus Basel: «Wilde Fahrt» (Staatl. Kunstkredit Basel)
1953	Venedig und Toscana (Giotto, Piero della Francesca, frühe Sienesen)
1953/61	vertritt Stettler die Schweiz an der Internationalen Graphik-Ausstellung in Ljubljana (Jugoslawien)
1956	Museum zu Allerheiligen, Schaffhausen (mit Max Kämpf und Ernst Baumann)
	Entsteht u. a. die Mappe «Vom Antlitz junger Menschen» mit 8 Radierungen
1957	Teilnahme an der «Première Exposition Biennale Internationale de Gravure», Tokio
1957–59	radiert Stettler die Illustrationen zum Buch «Die Stadt» von Max Bolliger
1958	Glasbild Bläsi-Schulhaus Basel: «Knabe mit Flieger» (Staatl. Kunstkredit Basel)
1959	«Teenagers» (Ankauf Staatl. Kunstkredit Basel)
1961	wird dem Maler der Preis der Gottfried Keller-Stiftung zugesprochen
	Kunsthaus Chur (mit Max Truninger, Zürich)
	«Stadt im Winter» (Ankauf Staatl. Kunstkredit Basel)
1963	ein Semester Studienurlaub; Reise durch Flandern und Holland (van Eyck, Bouts, Memling und vor allem Rembrandt)
1965	Kunsthalle Basel (mit Bildhauer H. Josephson, Zürich)
1967	entsteht das Atelier auf dem Isch, ob Iseltwald (Brienzersee)
1968	Kunsthaus Aarau «Basler Maler» (Ankauf «Die Afrikanerin»)
1970	Einzug ins Atelier an der Paradiesstrasse 4 in Riehen
1973	Kunstmuseum Basel: «Zum Sechzigsten»
	Jubiläumsausstellung in Riehen
	Teilnahme an der «Biennale» im Kunsthaus Zürich
1975	Kunstgesellschaft Interlaken: «Retrospektive»
1977	Ausstellungsraum der Basler Künstler: «Sämtliche Radierungen»
	Gymnasium Liestal: «Retrospektive»
1980	Schloss Arbon: Gemälde, Zeichnungen, Radierungen

November 1982   Hans Göhner

Notizen:
Werke des Künstlers befinden sich in öffentlichem Besitz (Schweiz. Eidgenossenschaft, Basler Kunstmuseum, Kupferstichkabinett des Basler Kunstmuseums, Basler Kunstverein, Kunstkredit Basel-Stadt, Kunstkredit Basel-Land, Kunsthaus Zürich, Kunsthaus Aarau, Städtische Kunstsammlung Thun, Kunsthaus Chur), in verschiedenen Sammlungen und bei vielen Privaten in der Schweiz, Deutschland und USA.

Einige Literaturangaben: Basler Kunstkredit (Berichterstattung über das dritte Jahrzehnt 1939–1948) Basel 1950. DU Nr. 2 1946, Panorama der jungen Schweizer Malerei, von Max Eichenberger. Werk Nr. 5 1947, Die «Graumaler», von Maria Netter. DU Nr. 3 1950, Acht Zeichnungen jüngerer Schweizer Künstler, von Hans Kasser. Illustrierter Katalog: Gustav Stettler, Club jurassien des Arts, Moutier 1962. Schweizer Spiegel Nr. 3 1965, Gustav Stettler, von Fritz Hermann. Illustrierter Katalog: Gustav Stettler Maler, Hans Josephsohn Bildhauer, Kunsthalle Basel 1965 von Arnold Rüdlinger. Begleittext zum Jahresblatt «Lilo» der Basler Versicherungs-Gesellschaft von Hans Göhner 1965. 50 Jahre Basler Kunstkredit, Dr. Peter Zschokke/Agathe Straumann 1969. Schweizer Maler, 100 Titelbilder des Schweizerischen Beobachter, von Dorothea Christ 1976.

Inhalt		Seite
Im Atelier des Malers, von Heinrich Wiesner		5– 8
Biographie, von Hans Göhner		9–14
Abbildungen der Schaffensperioden	1941–1950	16
	1951–1960	42
	1961–1970	64
	1971–1981	82
Biographische Angaben und wichtigste Ausstellungen		105–106

Impressum:
Photographische Reproduktionen: Peter Heman, Hans Hinz (2), Peter Moeschlin (1)
Typographie: Max Schmid SWB
Satz: Febel AG
Farblithos: Interrepro AG
Einfarbenlithos: Vaccari Zincografica
Druck: Morf & Cie.
Einband: Max Grollimund AG

©1983 by Verlag Peter Heman, Basel / ISBN 3-85722-006-6